大学生创新创业教育理论与实践研究

艾奇俊　富丽媛　周云洁◎著

中国商务出版社

·北京·

图书在版编目（CIP）数据

大学生创新创业教育理论与实践研究 / 艾奇俊，富丽媛，周云洁著 . -- 北京 : 中国商务出版社，2024. 10. -- ISBN 978-7-5103-5504-2

Ⅰ. G647.38

中国国家版本馆 CIP 数据核字第 2025VH1552 号

大学生创新创业教育理论与实践研究

DAXUESHENG CHUANGXIN CHUANGYE JIAOYU LILUN YU SHIJIAN YANJIU

艾奇俊　富丽媛　周云洁　著

出版发行：中国商务出版社有限公司

地　　址：北京市东城区安定门外大街东后巷 28 号　　邮　编：100710

网　　址：http://www.cctpress.com

联系电话：010—64515150（发行部）　010—64212247（总编室）
　　　　　　010—64515164（事业部）　010—64248236（印制部）

责任编辑：丁海春

排　　版：北京盛世达儒文化传媒有限公司

印　　刷：宝蕾元仁浩（天津）印刷有限公司

开　　本：710 毫米 ×1000 毫米　　1/16

印　　张：12.75　　　　　　　　　　字　　数：210 千字

版　　次：2024 年 10 月第 1 版　　　印　　次：2024 年 10 月第 1 次印刷

书　　号：ISBN 978-7-5103-5504-2

定　　价：79.00 元

P 前言
PREFACE

随着我国经济社会的不断发展，市场竞争日趋激烈，加快培养富有新时代创新精神、勇于投身实践的创新创业人才队伍是各大高校的当务之急。创新创业教育是我国建设创新型国家一系列战略举措的重要组成部分，在新时期，全面推进高校创新创业教育探索与实践，加强创新创业基础课程建设，大力培养大学生创新创业能力，是高校的历史责任所在，也是时代的要求使然，具有重大的战略意义。

基于此，本书对大学生创新创业教育理论与实践策略进行了研究，主要阐述了创新与创新精神、创业与创业精神、创新与创业的关系，引导读者对创新创业进行了解；介绍了大学生创新创业教育基本理论，详细探讨了大学生创新创业教育现状、大学生创新创业教育模式与教育体系；综合论述了大学生创新创业教育实践策略，为大学生创新创业教育的具体实践给出建设性指导意见。本书有助于大学生提升自身的创新创业能力，具有较强的指导性和实用性。

本书遵循创新创业教育的具体教学特点和实际，撰写过程中力求实现前瞻性与历史性结合、典型性与普遍性结合、理论性与实践性结合；同时努力做到理念先进、语言精练、内容丰富、结构合理等。在遵循创新创业教育教学大纲要求的前提下，实现结构内容和形式的创新。

在本书的编写过程中，得到了许多专家学者的帮助和指导，参考了大量的学术文献，在此向相关作者表示真诚的感谢。本书内容系统全面，论述条理清晰、深入浅出，但由于作者水平有限，书中难免会有不足之处，希望广大同行和读者予以指正。

作　者

2024 年 5 月

C 目录
ONTENTS

第一章 大学生创新创业教育理论基础

第一节 大学生创新创业概述

一、创新

创新是通过概念化过程产生与原有事物存在较大差异的新思维、新创作、新技术等。英语中，"创新"一词是从拉丁语演变而来，有三层含义：一是更新，替换原有的事物；二是创造，创造出原来没有的事物；三是改变，对原有事物进行发展和改造。创新的三层含义是人类区别于其他生物的特有能力，是主观能动性的高级外在表现。因为有创新行为，人类社会才会持续不断的发展。人们对哲学、经济学、社会学理论与实践的不断深入研究，促进了对创新概念的认识和理解。

（一）创新认知

1. 创新的意义

创新是推动人类社会发展前进的动力源泉之一，在宏观和微观角度都有重要的现实意义，具体如下。

（1）从宏观角度而言，创新对一个国家和民族的繁荣兴盛具有决定性作用。随着社会发展，国家之间的竞争已经逐渐演变为创新能力的竞争。创新作为重要的行为方式之一，推动了人类思维方式的发展与变革。此外，文化发展同样需要行为方式的发展与革新，同理，创新也推动了人类文化的发展。所以，人们需要树立创新意识，需要不断进行创新。

（2）从微观角度而言，创新对个人的成长进步至关重要，是个人在工作中保持活力的动力源泉。

2. 创新的类别划分

（1）根据表现形式，创新可分为知识创新、理论创新、工艺创新、技术创新、产品创新、服务创新、制度创新、商业模式创新、管理创新、渠道创新等。

（2）根据服务领域，创新可分为教育创新、医疗创新、通信创新、民生创新、金融创新、工业创新、农业创新、商业创新等。

（3）根据行为主体，创新可分为个人创新、企业创新、高校创新、科研机构创新、政府部门创新、中介服务机构创新等。

（4）根据组织形式，创新可分为独立创新、联合创新、引进创新等。

（5）根据过程变化，创新可分为演化性创新、革命性创新等。

（6）根据实践效果，创新可分为有价值创新、无价值创新、负效应创新等。

（7）根据创新程度，创新可分为首创型创新、改创型创新、仿创型创新等。

3. 创新的重要特征

创新是对重复、简单的劳动方式的否定，是对原有事物进行根本性变革或综合性改造，其具有以下主要特征。

（1）目标性。创新的目标就是通过创新活动，在一定时期内达到预期的结果。不同的创新活动具有不同的目标，企业创新活动的目标是提高核心竞争力，从而赢得市场。

（2）变革性。创新是对原有事物的改变和革新，是一种深刻的变革。只要变革的方向正确，目标明确，就可以打破已有限制，获得更大的生存空间。

（3）前瞻性。由于创新就是相对于他人的首创行为，所以往往超前于社会认识，能把握到未来事物的发展方向。

（4）价值性。价值性并不单纯地指提高产品的技术竞争力，而是指通过为顾客创造更多的价值来获取顾客，赢得企业的成功，由此开辟一个全新的、非竞争性的市场空间。

（5）新颖性。创新的新颖性是指创造者对现有不合理的事物进行扬弃，革除过时的内容，创造出前所未有的东西。

（二）创新精神

创新是一个民族进步的灵魂，是一个国家兴旺发达的不竭动力。21世纪是知识经济时代，知识经济的本质就是创新，创新精神和创新思维是创新教育的核心。要培养学生的创新能力必须培养学生的创新精神。具备创新精神是对新时代大学生提出的基本要求。

创新绝不是无本之木、无源之水，唯有夯实知识基础，创新才有可能。因此，大学生应精通所学课程，并培养广泛的兴趣。学习无处不在，与他人交流是学习，上网是学习，观看视频也是学习，其关键在于我们是不是用心。唯有理论与实践相结合，理论才有意义。大学生应该活读书、读活书，只有精通理论，才可能去改进实践，只有拥有丰富的实践经验，才可能产生新的理论。

除此之外，大学生要培养自己的创新精神，应富有怀疑精神，探究各种事物的本源及实质。要开发大学生的创新精神，培养大学生的创新能力，必须让大学生投身于社会实践中。因为只有在实践中才能找出想与做的差距，创新理念才能变为现实，创新精神、创新能力才能得到真正的发展。

（三）创新方法

1. 试错法

试错法是一种系统方法，主要以试验及消除误差的方式不断加深对黑箱性质事物的认识。试错法是通过不断试验获得经验的过程。应用这种方法的主体，在试错的过程中会根据实际情况间歇或持续改变黑箱系统参数，在不同参数作用下，黑箱会给出不同的反馈，如此反复直到寻到答案或接近答案。试错法包括猜测和反驳两个步骤。

（1）猜测。猜测是第一步，主要目的是发现并更正问题，并为反驳与更正打下基础。可以将猜测视为一种有意识、带有科学依据的怀疑。认识来自两个方面：一是观察与社会实践；二是已有的知识。毋庸置疑，已有的知识需要选择性地被利用，并在一定程度上可以对其进行批判。这也正是猜测存在的意义，不断修正、扩充已有知识。通过观察、实践等方式，我们积累了一定的事实材料，对事物有了一定的认识，但无法把握事物全貌。在这种情况下，事物本质不可能自动呈现在我们面前，我们需要积极探索，并且对探索的结果做进一步的猜测与审查，不断证实结果的正确性并发现新内容。

（2）反驳。在猜测之后要进行的就是反驳。反驳的主要目的是排除猜测结果中的错误。可以将反驳理解为批判，即不断针对猜测的结果挑错、确认错误，直至排除错误。只有排除错误，对世界的认识才能够持续提高。"从错误中学习"是反驳的本质，反驳也推动了人类的前进、社会的发展、科学的进步。试错法是将猜测、反驳结合。它与假说法存在着相同之处，但也有一定的差异。相对来说，假说法是正面的，试错法是反面的；假说法主要是寻找证据支持预先设立的假说，试错法则是试图寻找能够对已有的认识进行反驳的例子，然后推翻这些例子，进一步确认认识的科学性。在实际活动中，二者可以交叉使用，以提高认识的准确性。

2. 头脑风暴法

从心理层面来讲，大学生群体中的个体容易相互影响，导致少数服从多数现象的出现，这就是所谓的"群体思维"，它在一定程度上削弱了群体的创造力和批判精神，从而降低了群体决策的质量。因此，必须不断执行和完善、改善群体决策的方法，以保证群体决策的科学性、合理性以及创造性。经过实践检验，这些方法中较为典型的就是头脑风暴法。

（1）头脑风暴是对创新思维的激发。精神病理学认为，精神病患者精神状态所表现出来的错乱感即"头脑风暴"。后来，"头脑风暴"一词又用于代指在激发新观念、产生创新设想中进行的自由和无限制的联想与讨论。在大学生群体决策过程中导入头脑风暴法，主要体现在将大学生聚集起来召开专题会议，主持者将会议问题、会议秩序等内容以一种清晰明确的方式传达给参与者。在和谐融洽的会议氛围下，大学生往往会畅所欲言，提出各种参考方案，以替代意见的发表。

（2）使用头脑风暴法的条件。头脑风暴法可以客观、连续地分析所讨论的问题，确保执行方案的可操作性，所以，在民用决策和军事决策中，头脑风暴法得到广泛认可和应用。但需要注意的一点是，实施头脑风暴法需要较高的时间成本、经济成本，参与者必须具备较高的素养，这些既是头脑风暴法开展的前提，更是其效果的保障。

（3）操作程序。

第一，准备阶段。准备阶段的工作主要包括两方面：①研究所议问题。这一环节主要由策划与设计的负责人参与，通过对问题的分析研究，要精准把握问题的本质和核心，在此基础上找出解决问题的办法，以确保目标的最终实现。②选定参会人员。在确定参会人员之后，还要向其传达会议的基本信息，如时间、地点、议题、参考资料和设想，以及会议预期达到的效果等。

第二，热身阶段。热身阶段的主要内容是为参会人员营造一个和谐、放松、自由的会议氛围。当主持人宣布会议开始后，需要将会议规则、制度予以告知，而后就是活跃参会者思维的阶段，通常主持人会选择一些有趣的话题进行分享或问题讨论，让大家放松。当主持人所提出的有趣话题与会议议题存在某种联系时，这就完成了会议主题的导入工作，参会者在思想放松的前提下参与讨论，也会使会议收到预料之外的效果。

第三，明确问题。这一环节主要是主持人对会议待解决问题的简明介绍，需要坚持简洁明了的基本原则，不可做过多的描述，否则就会对参与讨论的人造成先入为主的影响，无法打开思路，提出创造性建议。

第四，重新表述问题。经过一段时间的思维碰撞和意见交流，参会者会建立对问题的初步感知。而为了继续加深大家的理解和思想解放，使这种整体感知升华为新思想、新观念，就需要主持人或记录员记录大家的发言，并进一步整理发言记录。整理工作结束后，要筛选出见解独到、富有启发性和创新性的发言，为接下来的畅谈提供参考。

第五，畅谈阶段。畅谈阶段是创新想法的迸发阶段，而为了激发大家的创新思维，需要遵循相关原则：①为了集中注意力，明令禁止私下交谈。②个人只负责个人想法的表达，既不能对他人发言进行妨碍，更不能对其进行评论。③一次发言只表达一种想法，确保见解发表时简洁明了。为此，在会议开始之前，主持人就应当把这些规则向大家解释清楚，再引导大家各抒己见、畅所欲言、交流碰撞、思想共享，只有这样才能确保讨论结果，在这个过程中，需要做好会议发言记录的整理工作。

第六，筛选阶段。为了对会议记录进行补充，主持人通常需要在会议结束后的一到两天内，再次了解参会人员的新想法和新思路。在此基础上，完成个人想法的方案整理工作，并依据可操作性或创新性或可识别性等标准，对这些方案进行多次筛选和对比，从中选出 1 ~ 3 个最优方案。通常讲，最优方案直接反映了集体智慧，因此是多种创意的优势组合。

3. 学习迁移与顿悟

了解学习迁移理论的目的是理解事物的关系，对该理论进行再认识、再理解。学习迁移理论并不是对经验类的否定，而是重新认识了顿悟与迁移的关系，认为前者是后者的决定因素之一。两个学习情境之间存在共同因素并不能产生迁移，迁移的产生源于学习者对学习经验间关系的认识。以此为基础，迁移与顿悟可以理解为认识到两个情境的关系。

关系转换理论主要论述了学习主体、认识事物以及迁移产生之间的关系，这种理论的主要观点是，迁移是否产生以及产生的难易程度，与主体认识事物以及事物之间关系的深刻程度有关，认识越清晰，迁移越容易发生。

人能够认识事物以及发现事物之间的关系，并且通过顿悟处理问题，这种能力是与生俱来的。认识事物、处理问题的过程可以脱离练习、经验。通过观察大学生的学习与生活，我们发现顿悟产生的快慢与个体对问题的熟悉程度有关，也就是说，越熟悉问题，顿悟的产生越快；反之，面对不熟悉的问题，一般还要进行试错。

二、创业

（一）创业认知

一般情况而言，创业是凸显人民主体地位的社会实践活动，是人类借助服务、技术、工具等自身拥有的资源，从事社会生产的一种劳动方式，具有广义和狭义两种概念：广义的创业指各行各业的人为了创造价值、成就事业而进行创造性的社会实践活动，其功能指向成就国家、集体和群体的大业，凸显主体独有的理念、能力和行动等；狭义的创业指经济学领域的概念，是主体为了解决就业或创造经济、社会价值而成立一定规模的企业，专门提供某项物质产品或服务的经济活动。

创业是人类在社会生产实践中，通过自身敏锐的洞察力发现商机，并据此成为商业主体，提供新的产品或服务，充分发挥其潜在价值的一种复杂的实践活动过程。这一过程通常指从创业意识萌发到落地实践的阶段。

1. 创业的意义

（1）从社会角度来看，创业能够推动科学技术的创新研发，促进国家整体经济的繁荣发展，在创造出丰厚的物质财富、带来巨大经济效益的同时，还能够增加就业机会，提升整体就业率，有效缓解就业形势。另外，创业活动对促进我国创新教育改革发展，培养社会急需的创新型人才意义重大，能够为创业型教育活动提供宽广的实践平台和现实理论。对社会而言，创业具体的意义和作用表现在四个方面：①增加经济效益，提高经济发展水平；②拓展就业渠道，缓解就业压力；③推动科技和社会发展，提高整体创新能力；④带动区域整体发展。

（2）从个人角度来看，创业需要付出巨大的努力，会面临不同的困难和风险，这些考验会不断促进个人思维和实践能力的提升。

第一，创业可以满足生存需求，获得经济回报。

第二，创业有利于实现个人价值和社会价值。选择自主创业是为了通过这一途径证明个人能力。创业者可以在一定空间里发挥个人才能，通过影响一部分人来实现自我价值，得到社会认可。

第三，创业是一种职业。在就业成为主流的情况下，自主创业的人越来越多，甚至成为社会主流，成为大学生毕业后就业的重要选择之一。

2. 创业的划分

创业可以依据不同标准进行划分。将创业分为不同类别的目的是通过对比不同创业决策，帮助主体找出最适合自己的创业类型。创业具体可从以下层面进行划分：

（1）根据动机，创业可分为机会型创业、生存型创业。

（2）根据新企业建立的途径，创业可分为自主型创业、企业内创业。前者是创业个人或团体从零开始创造新的公司；后者是已经发展成熟、步入正轨的企业为了得到更好发展，刺激创新或使创新成果转为现实生产力，利用授权或物质支持等方式进行创业。

（3）根据主体，创业可分为大学生创业、失业者创业、退休者创业、辞职者创业等。

（4）根据项目性质，创业可分为传统技能型创业、高新技术型创业、体力服务型创业、知识服务型创业等。

（5）根据承担的风险，创业可分为依附型创业（依附大企业、产业链或进行品牌加盟）、尾随型创业（模仿他人成功经验）、独创型创业（填补市场内容或形式空白）、对抗型创业（对抗垄断企业）等。

（6）根据周期长短，创业可分为初始创业（从无到有）、二次创业（成熟期再创业）、连续创业（初始创业到二次、三次等）等。

3. 创业的重要阶段

（1）识别和评估市场机会。

第一，创业机会的识别。在市场缺失情况下，有创业思想的大学生会嗅到创业机会。创业机会的识别，是大学生创业中最基础的一步。

第二，市场信息的收集与调查。观察法是最简单的信息收集方法，大学生创业者可以通过观察潜在客户的行为或反应，达到收集所需信息的目的，也可以通过观察行业先进者的行为来获取必需经验。使用观察法获取的信息较为客观，具有一定的真实性，但很难了解到用户的真正需求与动机。面谈法指与潜在客户面对面交谈。通过面谈，大学生创业者能够较容易地获得所需信息。因此，应根据所处的实时环境，灵活采用不同的谈话技巧及信息收集方法，使交谈顺利进行以获取有价值的信息。

第三，创业环境综合分析。SWOT 分析是大学生进行市场机会评估的重要方法之一。评估创业环境优势和劣势、机会和威胁，用于对创业环境进行深入全面的评估和选择分析。

（2）准备和撰写创业计划书。

第一，创业计划书的内容。风险投资公司每月都会收到各式各样的创业计划书，为了确保创业计划书能够引起风险投资者足够的注意，必须进行充分周密的准备工作。创业计划书一般包括：创业公司摘要，创业公司业务描述，产品或服务、收入、竞争情况及市场营销，管理团队，财务预测，资本结构等。

第二，创业计划书的制作。整个创业计划书应有一个精彩的概要，用于吸引投资者的注意力。撰写创业计划书的最主要目的是吸引投资者，使他们产生兴趣。另外，在寻找投资者之前，需要做好市场调查，厘清投资者的基本情况，更细致地呈现投资者感兴趣或者关心的方面，如收益、成本以及风险等问题。

（3）获取创业资金。

第一，融资方式。融资方式包括银行贷款、股权融资、债券融资、融资租赁等。银行贷款是企业最主要的融资渠道。按资金性质，银行贷款分为流动资金贷款、固定资产贷款和专项贷款三类。

采用发行有价债券的方式进行融资的创业公司，一般要经过法定程序，承诺在规定期限内连本带息一起偿还，而且在发债企业与投资人之间形成债务与债权的关系。在该企业进行破产清算时，作为债权人的投资企业享有剩余资产优先分配权，并且对债券具有自由转让处理的权利。融资租赁将融资与融物相结合，兼具金融与贸易的双重职能，可以提高企业融资效益，促进创业企业技术进步，包括直接购买租赁、售后回租以及杠杆租赁等。

第二，风险投资。股权融资是创业者用未来企业部分股权换取投资的一种融资方式，如风险投资。近年来，风险投资逐渐为创业者所熟悉，在风险投资支持下企业成功发展的案例激发了无数创业者的激情。

（4）管理初创企业。

第一，企业法律组织形式。在创建新企业之前，大学生创业者应该事先确定企业的法律组织形式。一个初创企业可以选择不同的组织形式，但无论选择哪种形式，都必须科学衡量各种组织形式的优点和不足。

第二，企业组织结构。企业的组织结构主要分为职能制、直线制、直线职能制、事业部制。

选择职能制组织结构的企业，相关管理责任与职权并不是由主管直接负责，而是分配给设立的相应职能机构。这些职能机构在职责范围内有权利指挥自己的下属行政单位。

直线制是在企业中最早出现的，也是复杂程度最低的组织结构。采用该组织结构的企业中各级组织之间是直接领导的关系，即下级只有一个直接上级，一般适合规模较小、生产技术复杂程度低的企业。

直线职能制是由直线制与职能制结合形成的组织结构模式。直线制领导以及相关人员可以在职权范围内决定以及指挥下级行为，并且对自己部门的行为负有全责。职能机构以及其中的人员，是领导进行直线指挥时为其提供参考意见并对业务进行指导的，并不拥有直接向下级部门下达命令的权利。

事业部制是公司在管理上采取的高度集权的分权机制，一般适合规模比较大、产品种类复杂、技术复杂程度较高的企业。

（二）创业精神

创业精神是突破现有资源限制而追求商机的精神，是捕捉和利用机会、敢于承担必需的风险、为创造新的某种价值努力发挥创造力、实现创新的一种心理过程。

大学生要培养自己的创新精神，善于在已有经验的基础上，发现新事物、创造新办法，从而解决新问题。大学生要有勇敢面对挫折的精神，具有坚定的创业意志品质。大学生要培养吃苦耐劳的精神，吃苦耐劳的精神是指一个人面对困难并克服困难的过程中，磨炼出的一种坚定的、持续的意志品质和顽强的精神。大学生要培养危机意识，当今市场竞争越来越激烈，如果缺乏危机意识，离成功也越来越远，大学生可以通过创业竞赛、创业实践来培养自己的危机意识。大学生要不断充实创业知识。

课外活动又被称为"第二课堂"，是大学生创业精神培育的重要载体。课外活动中的专业社团活动、挑战赛活动、创新创业工作坊活动等，均对大学生创业精神培育起着润物无声的作用。对于大学生来说，一方面，要积极参加社会实践活动。社会实践活动主要包括到企业实习和利用寒暑假、周末做兼职等，通过这些社会实践丰富大学生的社会阅历，以便于发现商机。另一方面，积极参加学校组织的各类第二课堂活动。积极利用大学生创业园等学校提供的创业实践平台，通过创业亲身实践，体会创业艰辛，以提高自己的抗压能力，磨炼自己的意志品质。

三、创新与创业的关系

创新与创业的关系是相互联系，不可分割的。大学生创业者通过技术创新，即新产品或服务生产的新流程，获得战略优势。在一段时期内，获得战略优势的创业企业可能是唯一使用该创新手段的企业，所以，该企业预期可以获得"垄断利润"。但是其他企业如果发现这个创新技术并模仿，这样的创新就进一步提升了整个产业的生产力，并且在模仿中涌入大量新思想，使垄断利润逐渐减少并最终达到平衡。之后新的创新循环开始。在创新过程中，有创新目的的大学生需要一定的经济利益支撑创新技术的研发，大学生创业者在新的利润增长点的驱动下，需要创新实现垄断利润。创新者在寻找创新点的同时，需要通过创业实现对创新的持续支撑。创业来自新产品、新技术、新供应来源与新组织的竞争。创新不仅是竞争的工具，也是保障的基础。所以，创新推动创业。

创业意味着有远见，睿智地运用相关工具，精力充沛地执行创新创业战略以及带有冒险倾向的判断与决策。创新型组织需要在组织中创造一种结构（部门、团队、专家小组等），由其利用资源并承担推动创新的责任。

创业更多体现在更新企业现有产品和改进生产、提供产品的方法层面，与新创企业所需的创业精神同样重要，这类创业通常被称为"内部创业"。当然，改变事物的激情并不一定要围绕创造商业价值，也可以在改善生产条件或是在更广泛的社会领域与社会环境可持续发展方面做出改变，这一领域被人们称为"社会创业"。在创新创业组织的生命周期里，创业驱动创新，从而创造商业价值和社会价值。

四、创新创业教育原理

创新创业教育概念的提出代表了中国高等教育改革发展的重要方向，其理论意义在于承认每个学生都具有创新创业潜能，其实践意义在于引导每个学生都成为创新创业人才并促进高校教育教学范式转型。

（一）创新创业教育的概念界定

1. 创新教育概念界定

创新教育是一种增强创业能力以及丰富创新能力的新型教育形式，反映的是社会发展的新需求。此新型教育形式包含两个方面：一方面是对整体经济环境的了解和分析能力；另一方面是基本的学习知识的能力及对相关方面的利用，或者是商机预测能力及创新活动能力，甚至是风险管控以及合作能力等。在实践过程中，创新教育需要多方面考虑，而不是只沿用历史教育发展过程中既定的内容，还需要懂得创新教育发展的相关规定，以及创新教育的变革和将来的发展路程。

创新教育是让人学会创新，运用所创新的东西。只有以人为本的创新教育才能更好地拓展思维、提升能力，才能真正提高教育水平，才能称为真正意义上的创新教育。高校是我国培育人才，尤其是培育创新型人才的基地。创新教育在让学生拥有更多探寻精神的同时，对其实践能力也有很大帮助。

学校的创新教育不只是知道先人的思想，而是包含多方面，例如，让学生学会自主学习、不断改变个人的思维模式并喜欢思考等。真正的创新能力是一种综合技能，需要人们在创新过程中学会观察，懂得分析和应用，注重个人整体实践能力的提高与创新。

创新教育是随着时代变化而发展起来的。21世纪中，高等教育顺应历史潮流，是对原有教育模式的变革，其中培养大学生创新能力与创新精神是各高校提倡的创新教育的中心。创新教育是创造一个可以提高学生兴趣、激发学生潜能与创造力的环境。对此，高校可以通过制定完美与健全的教育体系和实践基地来发掘学生的潜力及创造力，让学生养成自主学习的习惯，同时使他们能学以致用。这个环境是当代各高校对教育体系改革和教育教学内容的改变，是对教育价值体系的再探索，也是高等教育创新的方向。

2. 创业教育概念界定

创业教育是一种新型的教育思想，经过多年发展已经取得一定成绩。但还有很多人认为创业教育所指向的是创业方面的指导，对于受指导的人而言，是创业方面的理论基础，也是整体实践与应用能力的提升。这些认识从字面意思便可以看出来，但是对于创业教育的定义，目前的争论还较多。

创业教育被认为是学业学习教育以及职业规划教育后的第三种教育，即人类的"第三本护照"，也是随着经济，即教育科学发展后可以获得更优质生活的必需教育。创业教育需要不断开发在新时代经济环境下学生必须具备的创新能力与创新精神，这样学生的基本素质才会有质的改变。当然，这种理论也是与知识教育环境相对应的一种新型教育观念。

创业教育的概念有广义和狭义两个方面：从广义而言，创业教育强调在当前环境下造就更多的创业人员，他们相对于普通创业者有很多优势。例如，创新与创造能力更佳、拥有自主创新精神和强烈的探险意识；从狭义来看，创业教育注重的是学生的基础教养与素质，例如，提高创新思想与创新思维能力等。以这些基础素质教育为主要内容，方便学生在离开校门走向社会以后，可以有更好的机会进行创业，有更好的创业基础，可以让学生创业走捷径并做出成绩，是从单纯让学生找工作转变为为更多人创造工作岗位的教育。因此，总体来说，创新教育有非常多的优势，一方面，可以直接提升高校学生的整体创业素质与创新精神和各方面的组织能力；另一方面，创业教育是解决如今大学生就业难问题的一个途径，很大程度上能够缓解社会就业压力，对于当代各大高校学生而言非常重要。

（二）创新创业教育之间的关系

创新教育属于一种新式的教育模式，主要作用是培养高校学生的创新能力、创新意识以及精神，让学生各方面协同发展。具体而言，创业教育是一种教育活动，主要是让高校学生自主进行创业，从而增加学生的创业能力，强调创业人员以及创业知识。虽然，创新教育在一定程度上和创业教育存在重合点，但并不是它们之间可以相互代替和等同。

第一，创新教育与创业教育内容相通、目标一致且功能相同。创业教育和创新教育相辅相成，相互交融，创业是创新的基础。从广泛意义上而言，创业过程中的实践成果是创新或者创业是否成功的一个标杆；创新所呈现出的形态是创业。创业是否能成功，关键是应有一个良好的措施。创新教育是一种新式教育，提倡增强学生的探索创新能力，这也是其终极目标。创业教育强调的是高校学生要有创业思维与意识，从而增强创业能力，提倡创业基础知识的普及。创业教育和创新教育有互相推动的作用，也有相互限制的地方。

第二，创业教育是创新教育的深入与强化。创业是一种新形式的创新，创新必然在创业中有所体现，创新是创业的根基。社会经济主体在进行创业时需要有稳固的基础，这个基础是在创业时勇于冒险、勇于突破，具有创新与冒险思维，更为重要的是有绝佳的管理能力。因此，要成为创业者，必须具有各种能力，这样才能做好管理方面的工作以及扮演好相应角色，这也是创新教育必须不断深入，从而演化为具体的创业教育的原因。因此，需要在各大高校中普及创业教育。

综上所述，创业教育与创新教育既相辅相成又相互限制。各大高校对学生实施创业教育，一定意义上是让学生更好地完成创新教育。

（三）创新创业教育的意义

1. 创新创业教育对国家宏观战略的意义

（1）创新创业教育是我国加入世贸组织的需要。在参与国际竞争的大背景下，在知识经济浪潮的冲击下，对人才要求的显著特征是具备创新的意识和能力，社会需要的也是创新人才。为适应经济全球化挑战，各国政府应从长远考虑，加快本国高等教育步伐，积极培养具有国际视野、创新意识与国际竞争力的人才。创新教育已成为全球对高等教育的共识。随着我国经济的发展，主导性产业将直接参与国际竞争。对此，我们必须拥有大量具有国际竞争力的人才。我国将有更多的公司到国外去经营，同样需要一批高级管理人员和科技人员作为企业骨干，这些骨干必须与国际人才标准接轨。因此，高等院校必须培养和国际接轨的人才，培养具有创业创新精神的人才。这样的人才必须是熟悉国内国外情况，了解国外文化，具有扎实的专业知识，具有创新精神和知识创新、技术创新能力及较强经营管理能力的创新创业型人才。因此，高等学校必须由传统教育向创新创业教育转变。

（2）创新创业教育有助于科教兴国战略的实施。在国家创新创业体系中，高等学校具有特殊作用。高等教育作为教育体系的领头所在，是科教兴国战略实施过程中极为重要的部分，为了推进科教兴国战略，高等教育必须适应时代需求，从应试教育转向素质教育，而素质教育的灵魂是创新创业教育。因此，高等教育应当全面落实创新创业教育，让大学成为新知识、新思想的生产地，而不仅是旧知识的储藏库。鼓励学生利用已掌握的知识，设计、开创事业，通过"手脑并用"，在实践中消化知识、创新知识。

（3）创新创业教育是国家兴旺发达的显著要求。创新创业是推动国家经济发展、社会进步的不竭动力。创新创业是社会个体的一种生存方式，也是国家的一种发展模式，在国家发展、进步中扮演着极为重要的角色。21世纪，知识时代全面到来，经济已经不是国际竞争的唯一决定因素，创新能力及创新人才竞争成为当下竞争的主要方式，已经有许多发达国家将创新创业教育作为本国发展的主要战略。

一方面，国家、社会需要创新型人才，创新创业教育在创新人才培养方面发挥着独一无二的作用；另一方面，创新创业教育能够帮助学生积极投身社会实践，通过创业活动拓展学生的就业途径，提供更多的社会就业岗位，进而推动社会经济发展。目前，我国经济机构中，中小型企业在国民经济中的比重逐渐上升，而创新创业活动是从中小企业开始的，创新创业活动带来的新企业对于激发社会经济活力具有至关重要的作用。

总之，无论是引导高校学生开展创新创业实践，还是帮助国家培养适应时代需求的创新型人才，都离不开创新创业教育，积极开展创新创业教育是实现国家兴旺发达的迫切需求。重视创新创业教育能够有效提高学生的创新创业能力，促进创新型人才诞生，是我国教育活动中极为重要的内容。

2. 创新创业教育对我国教育发展的意义

（1）创新创业教育有助于教育思想的转变。现代市场经济的发展和知识经济时代的到来，为高等教育更新教育观念、转变教育思想提供了充分的现实依据，对此要求我们把创新创业教育实质性精神融入高等学校的教育管理和具体教学过程中，应该彻底摒弃应试教育中普遍存在的知识灌输和过分强调整齐划一的教育模式，围绕创新创业教育重新构建适应时代需求的人才培养模式，在创新知识与创新技能的吸收中激发学生的个性与潜能，推动学生全面发展，并将这一理念推广到整个高等教育系统，推动国家建设创新型教育思维和教育模式，进而深化当代素质教育改革，确立以培养创新意识为目的的新时代教育理念。近年来，中国在素质教育理论方面正在不断研究和探索，但素质教育在近年的教育活动中并没有得到全面、切实的落实，无论是教育模式、教育理念还是教育手段，都没有发生根本性改变，这一现象影响新时代创新创业教育的推进和创新创业人才的培养。创业的本质与核心是创新创造，内涵是开拓事业、岗位立业、创办新企业、提供新岗位等，创业已不再局限于人们所认为的创办企业，而是更加强调对大学生学习能力的培养，旨在让大学生学会学习与生存，学会把握机会，进而加快自我发展的步伐。

（2）创新创业教育有助于教学模式的创新。具体体现在两个方面：一是人才培养模式的创新；二是教学管理模式的创新。创新创业教育是从应试教育和就业教育的人才培养模式向素质教育和创业教育的人才培养模式转变。简单来说，是以创新精神为导向，建立新的人才培养方案和目标。

（3）创新创业教育是教育改革的必然趋势。创新创业教育受到越来越多国家的关注，是顺应时代发展的教育改革趋势。全面推进素质教育，实现高等教育转型，培养适合社会与市场需求的创新型人才，是我国高等教育改革工作的主要目标，创新创业型人才的培养也是适应社会主义市场经济发展要求的人才培养目标。

21世纪已经进入全新的知识经济时代，创新创业教育是新时代对高等教育提出的新要求。知识经济时代的特征是科技产业发达、市场环境多变、产业变革迅速，创新与共享已经成为市场常态。因此，高等教育如何适应新时代的需求，培养符合时代潮流的创新型人才，是当下教育改革面临的重要课题。

3. 创新创业教育对我国社会经济的意义

当今世界，伴随着微电子技术、计算机应用技术、多媒体技术、信息技术的发展以及全球经济一体化的推进，知识经济已在世界范围内兴起。在知识经济时代，一国综合国力的强弱将取决于其科学技术新知识总量在国际上所占份额，取决于创造新知识的优秀人才总量在国际上所占份额。因此，在知识经济的浪潮下，培养创新创业型人才迫在眉睫。如果将大学看作"知识工厂"，它不仅是旧知识的储存、传输基地，更是新知识、新文化的重要发源地。所以，高等教育作为整个教育体系的最高层次，在知识经济时代处于核心地位。

知识经济时代，全社会都要支持、鼓励广大学生创业，从而创造新产业，创造新的工作岗位。高等学校必须实施创新创业教育，培养学生的创新意识和创业能力，让中国在不断适应时代潮流中实现自我发展。教育是知识经济竞争的基点，对知识的再生产、知识的传播和知识的应用具有重大作用。为了适应知识经济时代对人才的要求，高校应把教育重点转移到创新创业教育及培养创新创业人才上来。在知识经济社会，知识产业成为社会的主导产业，知识劳动者成为劳动的主体，教育上升到经济发展和社会进步的首要位置，成为社会生活的中心。因此，建立面向全民的创新创业教育系统是一项紧迫任务。开发在校大学生的创新创业智慧，引导、鼓励他们在"创中学，学中创"，将加快创新创业型人才的培养进程。

20世纪90年代后，以信息技术、生物技术为代表的知识经济迅速发展壮大，人类社会进入全新的知识经济时代，智力资本、人才资本已经成为当今时代企业竞争的重要资源。因此，企业管理者需要具备创新意识，用创新的眼光透视市场，及时把握市场机会。

随着社会生产力的不断发展，技术和教育成为新时代衡量社会经济增长的测算指标，即"技术进步指数"。创新创业教育培养出的创新型人才，能够有力地推进国家经济发展，为国家的繁荣与强盛提供源源不断的动力。也就是说，创新创业教育是使当今时代社会经济持续增长的内在动力。

第二节 大学生创新创业教育理论

一、高校大学生创新创业教育的特点与功能

（一）高校大学生创新创业教育的特点

"创新创业教育"是一个全新的概念，是创新思想、实践经验和创业教育的结合。学术理论界对此有很多理解，尚未形成统一的观点。一些专家认为创新创业教育在高等学校中出现，目的是培育学生的创新能力与创业过程中所需的基本素质，只有基本素质提高了，才可以使学生各方面得到发展。正因如此，创业教育才被称为全新的教育形式。

大学生创新创业教育是一种新的教育模式，是一种各方面教育教学理念相结合的教育。这种教育需要针对高校学生，同时符合当代经济发展要求。创新创业教育的主要目的，不仅是培养学生的探索精神和创业能力，提高学生创新思维，还会培养他们的自主意识。创新创业教育不同于传统意义上的教育思想，而是使高校教育教学和创业的关系更加密切，从而提高学生的整体思维能力与创业素养，与当代信息发展与经济环境相辅相成。此外，创新创业教育已逐渐从单纯的教授知识转变成重视素质与创造力的培育，为高校学生走向社会、走向创业之路奠定基础。

创新创业教育提倡自主意识，要求大学生具备自主创造力，也需要有相应的探索以及创新能力。只有这样，大学生才能在走出校园后发现自我，自主探索。创新创业教育是由传统教育方式演变而来的，具有以下三个特点：

第一，传统的教育模式目的性较弱，而创新创业教育是以学校学生为对象，并且目的明确。创新创业教育不仅可以给学生创造更多的创业机会与提供创业建议，还可以让学生到相关企业进行实践，了解更多的管理思想。

第二，创新创业教育的核心是实践，通过实践，可以激发学生的创业思维。例如，高校不仅设立和创业有关的活动或者竞赛，还可以设立创新理念或创业能

力方面的奖金，建立相关的创业中心、创业协会、学校创业社团基地等，这些都可以使学生了解创新创业教育模式。

第三，创新创业教育需要有相应的依托。高校自行建立的创新创业教育基地，可以很好地实现这一目的，能够给本校学生提供更多的创业课程以及管理理论知识，为学生提供一个良好的平台。

（二）高校大学生创新创业教育的功能

教育理念推动教育实践，创新创业教育会对社会发展、教育发展和人的发展产生深远影响。培养创新创业型人才，既促进了社会进步与发展，又促进了教育改革与发展，更促进了人的全面发展。

1. 社会发展功能

创新创业教育对社会的发展起着重要作用：一方面，创新创业教育可以使学生对就业和创业做好准备，缩短毕业和就业的空窗期；另一方面，创新创业教育可以提升科技创新能力，促进我国的自主创新能力发展。高校不仅是人才的摇篮，更是科技创新的集散地。因而，高校要引导学生将创新转化为现实的生产力，使大学生不仅成为一个知识的拥有者，更要成为一个社会发展的推动者，形成经济增长与就业增长的良性互动。

2. 教育发展功能

创新创业教育对高等教育的持续健康发展具有重要的作用。高等教育要打破传统教育理念，实施创新创业教育是必然选择。大学创新创业教育要确立"宽口径、厚基础、综合化"的模式，使学生的知识、能力与素质全面发展，使科学精神与人文素养结合；改革现有的专业课程体系，优化学生的知识结构，推进教育方法的启发性和参与性；不断探索教学管理体制，使学生的创新性和创造性得到发挥。

3. 人的发展功能

创新创业教育关系到人的发展，有助于大学生树立正确的人生观和价值观，形成社会责任感，激发学习积极性，促进其全面发展。高校创新创业教育要坚持以人为本，要帮助学生规划自己的职业生涯，尤其是在大学阶段的奋斗目标，学会处理与社会、他人、集体的关系，不断升华和完善自身。大学创新创业教育能够开发潜能，培养学生的创新性思维，提高其创造力、适应力、学习力与竞争力。因此，创新创业教育既能培养大学生健全的人格，又有益于人的全面发展。

二、高校大学生创新创业教育的本质与原则

（一）大学生创新创业教育的本质

1. 创新创业教育是新型素质教育

高速发展的信息时代，高等教育大众化、普及化，而创新创业教育是当今时代高等教育发展的必然走向。当前，世界各国都十分重视创新创业教育对国家经济发展的作用，我国也不例外，创新创业教育已成为我国教育改革的突破口，受到学界广泛关注。

素质教育是在传统教育基础上更新而来，是对传统模式的反思。素质教育相较于传统教育，呈现出明显的综合化、全面化倾向，是知识时代、数字时代下发展的新型教育模式，标志着高等教育进入全新阶段。创新创业教育的出现推动了素质教育的变革，让素质教育升华为与时俱进的实践教育。创新精神、创业能力等是新时代人才的重要素养。为了顺应时代需求，创新创业教育应该开展具有创新性、实践性等特征的教学活动。可以说，创新创业教育是素质教育在新时代需求驱动下的深化、延伸。

2. 创新创业教育是"四创合一"教育

创新创业教育是创造、创新、创业、创优"四创合一"教育，其目的是培养学生的创造性思维、创新精神、创新能力、创优意识。

创造是一种思维方式，创造需要经过新想法的提出、新理论的建构、新产品的生产等，是从无到有的过程；创新是一种发展能力，以现有的思维模式对现存事物的重新发现、重新认识，所有有价值的新事物、新思想都可以看作创新成果；创业是创新和创造进一步发展的结果，将创新、创造结果应用到管理或技术

上产生一定经济效益，在现代社会中创业被视为一种生存方式；创新创业教育所培养的是一种精神品质，是创造、创新和创业的升华。

所有新的物质或者精神成果都属于创新，而试图将创新性成果落实的活动就是创造；利用商业机会和社会资源将这种创新性成果应用于生产活动的动态过程就是创业，其贯穿创造与创新的始终。

3. 创新创业教育是教育体系的一部分

创新创业教育模式是一种新型教育模式，但并不是对传统教育全盘否定的模式，而是在传统教育基础上延伸、发展而来的教育新模式；创新创业教育是对固化、刻板的传统教育的改造，强调"综合式教育"，是基础教育与职业教育、继续教育的有机融合，关注知识理论、实践技能、情感体悟的共同开发。简而言之，创新创业教育是适应时代需求，在传统教育模式上衍生而来的新式综合教育模式，是对传统教育的继承与发展。

（二）大学生创新创业教育的原则

1. 全程性与分层性相结合

创新创业教育要发展得好，必须具备开放性与延续性，这也是终身教育系统的重要组成因素。全程性体现在大学创新创业教育的开放性与延续性上。高校需要将创新创业教育的目标与其专业教学体系相结合，更好地培养全面的创新创业教育人才。

高校的创新创业教育在不同的时期侧重点不同。学生在刚进入大学时，应当充分了解创新创业，重点培养其创业者的创业意识，让他们掌握相关的基础知识。在学生具有创新创业意识后，应当有针对性地开展技能培训教学，并且不断提高学生在创业过程中的意志力、创业能力与综合素质。在培养高校毕业生时，高校应当重视教育的延续性，实施创新创业教育人才培养，由全面人才培养转变为重点进行创新创业人才培养。要达到更好地发展创新创业教育的目标，需要高校将创新创业教育落到实处，发挥其最大作用。

2. 理论与实践相结合

高校在开展创新创业人才培养时，要重点关注理论与实际相结合。只有如此，才能培养现代社会所需要的创新创业高素质人才。因此，高校在培养创新创业人才的过程中，不仅需要加强理论课程的教学工作，增强学生的创新创业意识，提升学生的创新创业能力，还需要根据创业者的特点，指导学生开展实践，并且积极号召学生参加创新创业活动，提升他们的创新创业能力，做到理论与实际相结合。

3. 开放与协同相结合

高校受教育资源分配与资源有限等问题影响，要获取有利于培养创新创业教育人才的优质资源，高校应该坚持开放办学，并与各部门共同创新体制机制；为了培养创新创业人才，还应该建立创业协同机制，将各部门的职能步调统一，从而促进创新创业教育的长久发展。

第三节 大学生创新创业教育的理念解读

教育理念是一个哲学概念，是对教育本质及其价值的理想追求、根本性判断和理性认识，是指向教育未来发展的精神范型和远见卓识。大学创业教育理念立足于社会和时代背景，经过长期实践与知识内化，伴随着大学的发展历史变迁逐渐形成。有什么样的教育理念就有什么样的教育实践。

一、与大学职能变化相适应

现代大学产生于中世纪，最初是学者自发形成的行会，处于影响力并不显著的社会边缘。当时的大学比较独立、自由、自治、闲逸；大学教育理念是为教授知识而教授知识，为追求真理而追求真理。伴随着工业化、后工业化时代的到来，大学办学已经不可能只按自己的意志进行，基本上形成了政府、大学、市场和个人四个方面的利益诉求博弈协调的局面，大学的教育理念蕴含着这四个方面的不同意识、权力和利益。知识经济时代，知识创造与科技信息已经取代了劳动力、资本、土地、原材料等原始资源的地位，成为具有创新动力的驱动资源，培养创新创业型人才成为大学新的责任，这种责任直接反映到大学教育理念中。

大学创业教育是高校契合时代需求，回应政府、社会、个人对于大学的诉求，适应经济社会和国家发展战略而对人才培养模式做出的一次转变。大学创业教育的理念反映了大学在开展创业教育时的目标、信念、价值等方面的认识，是与知识经济、经济全球化和创业经济时代的趋势相适应的教育理念，对创业教育的培养目标、教学方式、教学内容、师资构成等产生影响。从利益诉求群体的角度来讲，大学创业教育需要从四个层面考虑：政府层面，要面向全体学生推行普及性创业基础教育模式，传承孕育创新创业文化，培养学生的创新创业精神和意识，从而推动大众创业、万众创新；社会层面，要求高校从就业型人才培养转变为创业型人才培养，从应用型人才培养转变为创新型人才培养，以满足企业竞争和发展需求；大学本身层面，办学理念不断变化，职能不断拓展，创业型大学悄然兴起，需要大学寻求新的发展模式和教育模式，实现大学在创业经济时代的跨越式发展，成为创新型国家战略的重要组成部分；大学生个人层面，要提升个人的知识和素质，发挥创新、创造的潜能，实现自身的全面和可持续发展。

二、协同发展

在发展成为时代主题的背景下，可持续发展成为国家和高校共同追求的目标。可持续发展是协同、发展、持续的综合反映和内在统一，协同发展是可持续发展的基础和前提。

协同发展的核心在于协同。所谓协同是指系统中诸多子系统相互协调、相互合作或同步的联合作用和集体行为，它是系统整体性、相关性的内在表现。协同这个概念是协同学（synergetics）的一个关键词语，协同学是一门跨越自然科学和社会科学的横断学科（交叉学科），协同学的出现为处理复杂问题提供了新的思路。协同学由德国著名物理学家赫尔曼·哈肯（Heman Harken）于20世纪70年代创立，它研究系统中子系统之间是如何通过合作在宏观尺度上产生空间、时间或功能结构（即怎样产生"自组织"）的，寻找系统从无序到有序转变的规律和特征。协同学的理论认为，系统发展演化中各子系统之间是依靠有调节、有目的的"自组织"过程，使千差万别的子系统协同作用，并产生新的稳定有序的结构。

协同发展还体现在发展上。发展是一切事物、现象、过程的共有属性，是事物由小到大、由简到繁、由低级到高级、由旧质到新质的一种前进运动和变化。协同发展的研究主要是为可持续发展的研究奠定基础，如果忽略或者轻视了协同问题，则无法从根本上实现可持续发展。一个结构不合理、不协调、不能共同发展的系统，或者一个内部互相独立、条块分割的孤岛式运行的系统是无法持续生存和演进的，只有打破系统内不合理的条块分割，将系统在结构上、功能上进行统一、协同，才能使系统可持续地健康发展。

全球创业经济时代，大学生创业教育必须在现有基础上进一步发展，这种发展不仅仅是创业教育规模扩大、教育投入增多、受教育人数增加等量上的扩张，更重要的是质的增进，即创业教育资源能够发挥最大效能，受教育者个人得到全面发展，创业教育系统运行趋于协调和有效。这种发展应该是可持续的发展。

协同发展应该成为大学生创业教育系统构建的理念，以协同思想为指导，充分把握和发挥协同优势，促使创业教育系统内部子系统按照协同方式进行整合，相互作用、合作和协调，从而实现协同和共生，产生整体作用力大于各要素作用力简单相加的系统优化效果。协同发展的理念具体来说应该有以下四个特性。

（一）整体性

大学生创业教育系统是作为一个整体而不是各部分的简单混合而存在的，因此整体性是大学生创业教育系统的主要特点。构成创业教育系统的是各系统要素，各系统要素内部又是一个子系统，由若干子要素组成，子要素自身还有一套完整结构。各要素共同组成相互联系又相对独立的统一整体，具有独立要素所不具有的性质和功能。整体性强调构成创业教育系统的各要素要有共同的发展目标和规划，有高度的协调性和整合度。整体性能够把大学生创业教育系统与高校的其他教育区别开，并证明其存在的必要性和价值。只有对模式中要素与要素之间关系和作用方式进行探究，才能提高模式系统整体的功能。创业教育系统只有做到充分释放各要素的能量，并使之优化整合，才能达到教育效果的局部最优与整体最优的最佳结合。

（二）层次性

层次是指对系统内部、系统各要素，子系统内部、子系统各要素等的一种结构划分，是创业教育系统的基本特征。创业教育系统中各要素通过自组织而形成子系统和子要素，各子系统和各子要素分层次组合形成一个整体系统。各要素主次明晰、先后清楚、相辅相成，形成的整体系统是具有层次性的，能经受住外界环境的干扰与破坏。系统发展不仅取决于系统自身，还取决于各层次之间的协同效应，其系统呈现多重联系、多重决定、多重影响的层次影响关系。

（三）开放性

系统辩证论认为，无论是有生命还是无生命的系统，都存在着与周围环境、与系统要素、与其他系统相互依存和相互作用的开放性。

21世纪是快速变革的时代，在经济增长与物质财富增加成为社会主旋律时，创业和创业精神已经改变了大学传统的、单纯的、独立的专业教育。世界是开放的，全球化正以其巨大的力量影响着各个领域，任何一个国家或高校都无法将自己隔离于全球化影响之外。

作为社会活动的创业教育也是一个开放的系统，需要源源不断地与外界进行物质、能量和信息的传递和交换，根据传递和交换的情况，采取措施不断进行自我适应和调整，使创业教育保持有序发展。开放性不仅强调创业教育面向高校内部其他方面教育的开放、创业教育内部各要素之间的开放，还强调高校与高校、高校与社会系统的开放。开放使创业教育能够与系统内部和外部进行人员、物质、能量和信息的传递和交换，相互促进，从整体上提高创业教育水平。

（四）非线性

非线性是相对线性而言的。线性关系的系统是互不相干的独立系统，系统的整体性质就是各子系统孤立存在时性质的简单代数之和，即整体等于部分之和。现实世界中绝对独立的系统几乎不存在，大量存在的是非线性系统。非线性系统各因素间是相互作用的，彼此影响，发生耦合作用。非线性系统整体也不是个体行为的简单叠加，其作用不等于各分项作用的代数之和，从子系统层次到系统层次，不仅有量的积累，更主要的是发生了质的飞跃。

大学生创业教育发展过程是系统自适应的复杂过程，不仅要受到内部条件作用，还受到外部环境影响，系统内部要素与外部环境要素以非线性方式相互作用，实现成长和发展。

三、互联网思维

随着互联网的出现和飞速发展，在互联网尤其是移动互联网、大数据技术、云计算等不断发展扩大的背景下，互联网正从一种工具慢慢演变成为一种思维方式。互联网思维的理念尽管仍然存在利与弊的争议，需要警惕和审视，但不可否认这种思维已经深刻地影响和改变着社会生产及人们的生活方式，也促使许多领域的理念更新。

互联网思维对于开展创业教育具有重要意义和深远影响。当代大学生是在信息时代成长起来的，普遍接受并且尊重互联网思维，甚至在一定程度上已经形成了互联网思维。高校应充分利用新媒体平台，借助互联网的优势应对和处理教育领域的一些问题，能够推进教育机制、途径、内容和方式的创新。对于社会经济而言，与互联网有关的产业也必然会融入未来的创业企业，互联网思维是未来企业家必备的素质。

就创业教育来看，互联网思维具体包括四个方面：用户思维、系统思维、平台思维、平等思维。

（一）用户思维

用户思维是互联网思维的核心，其他各种思维都是围绕用户思维在不同层面展开。用户思维是指在价值链各个环节中都要"以用户为中心"去考虑问题。教育也强调以人为本，用户思维中的"用户"在教育中包括受教育者（即大学生）和"使用教育成果的组织"（即用人单位）。"用户"是教育的核心，是教育活动真正的主角，大学生创业教育系统需要认真研究和分析"用户"的真正诉求，并以此为核心去构建。

（二）系统思维

系统思维是大学生创新创业教育理论与实践研究要求将认识的对象作为整体来考虑，从全局出发，用系统论的观点去综合思考的思维方式。构建创业教育的系统，需要重点考虑系统的整体性、关联性等方面的问题，这一点与协同发展理念是一致的。系统思维还具有整合碎片化资源的作用，打造共赢的创业教育生态圈，促进创业教育的健康发展。高校需要打破与外部环境之间的资源壁垒，充分发挥和利用政府和社会多种力量，构建联合培养创新创业型人才的育人机制，构建扶持大学生创业项目和创业企业的孵化机制。

（三）平台思维

平台是指在平等的基础上，由多主体共建的资源共享的、合作共赢的、开放的商业生态系统。这里强调了五个关键词：平等、共建、共享、共赢、开放。互联网最大的特点是数据和信息的传播与沟通处于一个平等开放的状态，构成一个双向互动、互利合作、资源共享的平台。利用这样一个平台，创新各高校现有的创业教育管理机制，聚合各国高校的创业教育力量，制定新的平台规则，构建多方共赢的平台生态圈，使优质创业师资和课程资源得到更大程度、更大范围、更多层面的共享。

（四）平等思维

互联网是没有中心节点的，它不是一个层级结构，而是一个分布式结构，虽然不同的点有不同的权重，但没有一个点有绝对的权威，平等是互联网中非常重要的原则。平等思维直接影响的是创业教育的管理模式和教学方式，以对象为中心，具有个性化需求，开放性的和参与式的教育正成为教育领域的改革重点，教育不再是统一的、固定的、模板化的形式和内容，而是需要随着变化进行适度调整。

第二章　我国高校大学生创新创业教育发展分析

第一节　大学生创新创业教育的演进历程

一、大学生创新创业教育政策的发展历程

（一）大学生创新创业政策的内容及变迁

我国大学生创新创业政策的发展有 20 多年的历史。各时期政策的出台和完善代表了我国大学生创新创业的发展历程和方向。依据其各阶段特点，可分为初步探索期、推广普及期、战略导向期以及完善成熟期。

1. 初步探索期：1999—2007 年

20 世纪 90 年代，为了应对大学毕业生就业困难的问题，教育部预估形势，开展面向 21 世纪的教育振兴行动，支持高校以创业鼓励的方式解决逐渐显现的"就业难"问题。中央政府的重要决策者开始将创业看作大学生就业的另一新途径，陆续出台鼓励政策，推动探索大学生创新创业政策。

21 世纪初，我国政府开始尝试将"创业"与"就业"深度结合，以深入开展青年创业行动的方式促进广大青年就业者顺利就业，侧面反映出国家政府对大学生创业的高度关注。2004 年 4 月，由共青团颁布的政策意见鲜明提出：创业

环境和服务保障、创业意识和创业能力是刺激创业活动的内外动机，政策制定应由此出发，全力保障创业工作的有序进行。

2. 推广普及期：2008—2014 年

2008 年全球金融危机爆发，我国面临着国内外经济和政治环境的强烈威胁。我国政府当机立断，通过政府官方、媒体平台等宣传创业政策，推广和普及创业意识，鼓励全民参与创业活动，以期形成传统制造业转型成功、经济结构调整有效的良好局面。此举得到全国各地的积极响应，针对性的地方整改措施、高校创业支持政策应运而生。

为落实党的十七大提出的"创新""创业"精神，2010 年 5 月，教育部发布正式文件促进高校创业工作：通过建设创业基地、完善创业指导和服务机制的方式，大力推进大学生创新创业教育的落实。2011 年 6 月，国务院结合高校毕业生形势，促进大学生创业政策落实，并根据各地创业反馈成果实行持续跟踪策略，以强化各级政府的创业支持效果。这是国务院首次以文件通知形式参与到大学生就业创业扶持与支撑工作之中，通过加强教育培训等进一步落实与发展创业政策。此文件极大地点燃了大学生的创业工作热情，各级政府纷纷响应，制定创业政策，一时间，大学生创业掀起了热潮，我国大学生创业进入政策推广普及的新时期。

2012 年 11 月，教育部在本届的高校毕业生就业工作通知中强调将高校毕业生列入创业重点帮扶人群，以设立"一站式"服务平台及"绿色通道"的方式，为高校创业者提供高效、便捷的服务保障。2014 年 5 月，国务院办公厅发布高校毕业生就业创业工作部署通知，再次申明大学生就业创业工作面临前所未有的挑战。这一通知中提到，中央政府已将"高校毕业生创业"列入国务院办公厅文件的标题之中，首次将大学生创业问题提升到与就业问题同等重要的位置。通知要求从科技、金融、教育领域全面开展大学生创业支持活动，召集全社会公民积极参与，营造良好的创业环境。除此之外，通知还提到三年内要在大学生群体中大力推进"创业引领计划"，在全国普及高校创业教育，最大规模实现"创业促就业"的政策支持。此文件为我国大学生创新创业指明了政策方向，政策企业家开始创建与之相关的备选方案，以期纳入政策议程。

3. 战略导向期：2015—2017 年

从 2011 年国务院全面支持大学生创业起，地方政府纷纷出台优惠措施支持大学生创业，这些政策一经出台就得到了各类专家的高度关注，加速了政策变迁的过程。高校扩招以来，大学毕业生的就业压力不减反增，社会资源的占有与分配出现了严重的失衡，导致城镇失业率持续攀升。与此同时，创业作为一种创新型社会资源的创造与再分配活动，再一次走入决策者视野。

在中央政府对"双创"的大力宣传与号召下，各级政府、地方组织和高校纷纷响应，大量创新创业政策及措施涌现，标志着大学生创业政策进入战略导向期。2015 年 6 月，国务院就"双创"工作的目标、方向及行动路径出台了若干政策措施，将"创新创业"从口头号召变为政策落实。政策文件强调，通过加强创业创新教育、优化财税政策、发展创业服务等措施强化创新驱动型大学生创业模式，促使达成"创业带动就业、促进经济发展"的目的。之后，国务院颁布建设"双创"示范基地的实施文件，发布《关于建设大众创业万众创新示范基地的实施意见》，使"创新创业"政策真真实实地落了地。文件规范了大学生"创业引领计划"的实施要点及休学创业注意事项，致力于构建全面、完善的大学生创业支持体系。此外，文件中提到还将推进服务型政府建设，简政放权，以缓解行政冗杂的问题。这是创业政策诞生以来内容最为全面、涉及领域最广的政策文件，是"就业创业难"不断累积与发酵，进而提上政策议程的结果，它的产生标志着"双创"受到政府决策者的高度重视，为后续大学生创新创业政策的发展提供了纲领性文件。

2016 年，人社部、教育部牵头在高校开展毕业生就业创业促进工作，明确"创业是解决就业的重要途径"，并尝试通过完善创新创业制度和服务进一步扩大大学生创新创业活动范围。2017 年 4 月，国务院出台《关于做好当前和今后一段时期就业创业工作的意见》，针对一直存在的创业融资问题补充了创业补贴和基金，还增设了基层计划和留学回国创业计划，进一步放宽了大学生创业的人群和种类。通过"创新驱动"的战略指导，我国大学生创新创业政策在创业教育、创业资金支持以及创业服务建设上有了较为明显的突破，这一时期成为我国大学生创新创业政策导向的新时期。

4. 完善成熟期：2018 年至今

随着"双创"政策的不断深入，大学生创新创业的社会效果显著，但是存在创业成功率持续走低、创业支持环境差、大学生创业素质普遍偏低等问题。教育部为此对"双创"政策进行整改，促进"创新创业"的发展。2018 年 11 月，教育部要求推进改革，加强创业指导和服务，并切实改善创业扶持政策，旨在针对目前创业教育不足、融资困难、创业服务不足等问题，采取新的措施，以取得较好的政策反馈效果。2018 年 11 月，国务院在《关于做好当前和今后一个时期促进就业工作的若干意见》中提到了当前越来越严重的大学毕业生就业形势，强调了以创业带动就业的重要性。

2019 年 12 月，全球暴发了罕见的新冠疫情，给经济、政治、社会带来了极大的冲击。以中小企业为主的大学生创业者，直接面临有史以来最为艰难的生存考验。针对现有中小型企业生存困难、大学毕业生就业创业面临危机的现状，国务院及有关部门召开紧急会议，出台多项措施，以期扶持中小企业渡过难关，继续鼓励毕业生创新创业，从而缓解突发疫情带来的巨大社会压力，拉动经济增长。2020 年 3 月，教育部下发《关于应对新冠肺炎疫情做好 2020 届全国普通高等学校毕业生就业创业工作的通知》，正式将新冠疫情影响下大学生就业创业问题置于宏观层面。通知中将就业创业工作的重点放在网上就业服务能力方面，以引导和鼓励的方式促进大学生就业创业，成为新冠疫情下各部委开展工作的主要方式。3 月 26 日，发改委办公厅紧密联系"双创"时代背景，积极开展社会服务领域双创带动就业示范工作，通过"互联网 +""大数据"等信息手段及技术，聚焦"创业带动就业"的关键作用，通过培养一批"创新创业"的针对性项目，全力推动新冠疫情下大学生就业创业，完善和扩大"创新创业"带动就业的新局面。为了进一步抗击新冠疫情带来的"失业潮"，人社部积极推进《百日免费线上技能培训行动方案》，旨在对重点失业人群开展线上培训，进一步减小疫情给社会经济带来的冲击。4 月 15 日，财政部联合人社部、中国人民银行发布通知，在原有的贷款申请条件基础上进一步降低门槛，提高额度。除此之外，通知还规定降低担保门槛，实行财政优惠政策，减缓疫情给中小企业带来的财政危机。短短半年时间，国务院及部委针对疫情发布和出台的促就业创业的政策就高达 10

项，可见党和政府对创新创业工作的高度重视，大学生创新创业政策的针对性与系统性也有了大幅度提升，政策体系及发展路径也已趋于完善成熟。

（二）大学生创新创业政策演变的特点

截至 2022 年，我国出台的关于大学生创新创业政策的文件多达 400 项。复杂多变的经济背景、日益严峻的社会问题都能对政策支持体系及发展路径产生巨大的影响。由于创业政策在经济社会发展的不同时段具有不同的适用性，统观各阶段我国社会经济发展状况，能大致归纳出政策发展的阶段性特点，从而进一步探究我国大学生创新创业政策发展的原生动力。

1. 以解决就业为导向的教育探索

随着 20 世纪 90 年代末国家实施高校扩招政策，高校毕业生人数开始增长。国家统计局发布的数据显示，2000 年，我国高校毕业生人数首次突破 100 万。然而高等教育的"大众化"并未给高校毕业生提供更多的就业机会：日渐膨胀的人才市场为了控制人才的需求平衡，进一步提高了企业单位的用人标准，以"优中选优"的方式只为少量大学生提供合适的就业岗位，导致一大批高校毕业生面临失业危机。为了应对大批毕业生"就业难"问题，2002 年 4 月，包括清华大学在内的九所高校率先开设创业课程，并陆续开展高校创业教育工作的实践。这是我国首次在高校范围内试点创业教育新模式，从这次创业教育实践中，国家已初步掌握高校创业发展的基本导向，为后续独立的大学生创业政策的制定提供了大致方向。

2. 以拉动经济为目的的创业推广

九所高校创业试点的成功为我国"高校创新创业新模式"开创了先例。各级政府纷纷出台政策鼓励大学生自主创业，创业开始得到有效的推广。2008 年，金融危机给我国的社会经济造成巨大冲击：进出口总额急剧下降，国内生产总值增速放缓。政府决策者审时度势，果断采取措施推动全民创新创业，实现经济的复苏与回升，此举为我国创新创业提供了强大的动力。"以创业拉动经济快速增长"的热潮席卷全国。在全民创业的热潮之下，我国中小型企业利润总额增长了十倍，达到了良好的创业成效。

3. 以创新驱动为战略的发展导向

2012 年，我国一直处于高位的 GDP 增长率开始回落，意味着中国将遭遇 1978 年改革开放以来，最严峻的经济转轨阵痛期，即"经济新常态"时期。"双创"契合于简政放权的政府理念，为社会及市场释放更多自主空间，也是新一届领导班子的工作重心。在"全民创新创业"的政策背景之下，我国大学生创新创业政策得到政府决策者的高度重视，以"创新驱动"为战略的创业政策支持体系正式建立。

4. 以针对性强化为主的系统完善

2018 年，国内新常态下新旧动力转化出现阵痛期，导致大量就业岗位流失。不利的经济环境给我国大学毕业生创业创新带来了前所未有的困难，以大学生创业为主要形式的中小型企业利润总额开始出现连续下滑的趋势。原有的创新创业政策难以应对现实的危机，政策制定者开始寻求新的应对措施解决当下的问题。2019 年末，全球暴发了罕见的新冠疫情，随着疫情的不断扩大，全球价值链和供应链风险持续累积，大量企业面临倒闭危机。由于我国依旧正处于经济新常态时期，经济发展出现新的下行压力，就业市场饱和度较高，既定经济发展阶段的主要劳动力市场就业容量有限，大学毕业生数量的持续增长给我国就业、民生问题带来了极大的挑战。谨慎处理国内的就业问题、激发创新创业带动经济发展成为当时创新创业工作的关键，大学生创新创业政策也在后期针对性的优化过程中逐步完善成熟。

二、大学生创新创业教育实施的发展历程

（一）自主探索阶段（1997—2001 年）

1997 年，清华大学经济管理学院开设了创新与创业课程，标志着我国高校创新创业教育拉开序幕。之后，复旦、武大等高校也将创新创业引入教学之中，这一时期的创新创业教育的主要形式为创业计划大赛等。

在世界科学技术快速发展、知识经济初露头角的发展背景下，人才资源在

我国现代化经济的发展以及现代化建设战略的布局中发挥着举足轻重的作用。1999 年，教育部在《面向 21 世纪教育振兴行动计划》中提出，实施"高层次创造性人才工程"和"高校高新技术产业化工程"，重点突出高校在国家技术创新体系中的重要作用。强调高校要充分发挥其人才和创新优势，完善师生的创业教育，积极创造机会和条件，助力师生积极参加到高新技术产业的发展中，使之成为培养创新人才的实践基地，推动新兴技术产业发展壮大，促进社会经济发展。这是我国政府对于高校创新创业教育的首次官方回应。但这一时期的创新创业教育更多地是服务于经济领域，仍然游离于高等教育之外，且较多地应用于职业院校，旨在通过提高人才质量，提高市场经济效益。

（二）试点推广阶段（2002—2019 年）

2002 年教育部确定在中国人民大学、武汉大学、北京航空航天大学等九所院校进行创新创业教育的实践试点工作，给予政策支持、经费支持等，鼓励这些学校采用不同科学方法推进创新创业教育的实践探索，高校创新创业教育由自主探索转向政府支持引导的发展阶段。

2003 年，我国第一批扩招生面临毕业，就业形势不容乐观，众多大学生面临着就业难题。为了缓解就业压力，鼓励自主创业成为重要指引。2005 年，KAB 创业教育项目被引进国内高校，这是在学习国外成功实践下的中国尝试，旨在鼓励大学生自主创造岗位，培养创新型人才。2008 年，教育部又集中资源建设了创新试验区，探索创新人才培养道路，在积极的实践探索中，各高校积极响应号召，开展基于校情的多样化创新创业教育实践。这一时期，主要以创新创业竞赛为牵引，取得了一些成功经验。如中国人民大学以课堂教学为主线，开设了"风险投资""创业基础"等课程，注重在创业知识基础上培养学生的创新创业意识。复旦大学还建立了创业管理学院，成立大学生创业园，注重创业技能的提升。这一时期的创新创业教育形成了以试点推进和项目引进为主的工作模式，在各高校的实践探索下，积累了大量成功经验。

（三）全面发展阶段（2010 年至今）

2010 年教育部发布《关于大力推进高等学校创新创业教育和大学生自主创

业工作的意见》，标志着创新创业教育步入教育部行政指导下的全面发展阶段。教育部明确提出，创新创业教育的核心内涵是"面向全体学生、结合专业教育、将创新创业教育融入人才培养体系"。重点突出创新创业教育的育人本质，在确定其发挥促进毕业生高质量就业创业功能的同时，更加强调创业文化精神的引领作用。强调要始终围绕人才培养本质，不断更新完善教学手段和方法，全面科学地推进创新创业教育工作。

2015 年国务院办公厅印发《关于深化高等学校创新创业教育改革的实施意见》，要求各地区、各高校把深化高校创新创业教育改革作为当前教育教学综合改革的重要任务。创新创业教育改革成为这一时期的主基调，国家成立了 19 个高校"双创"示范基地、200 多所深化创新创业教育改革示范高校。财政部共出资近 10 亿元助力改革示范区的建设，大力支持高校创新创业教育工作。

总体而言，这一时期的高校创新创业教育更具体、更科学、更全面，突出强调育人本质，从突出促进就业功能转向学生创新创业精神的培养上。同时，通过新型人才培养机制，打破了学科专业间、学校与产业间、理论与实践之间的壁垒。高校创新创业教育的中国理念、中国模式正不断形成并完善。

第二节　大学生创新创业教育的发展趋势

一、世界发展趋势

（一）创业型大学的崛起

创新理论催生了创业行为，而最适合新思想生存发展且有充分创业资源的场所就是大学，尽管大学各有其办学特色，但是它们都紧紧围绕教学、科研和社会服务三大核心职能开展工作。

随着知识经济时代的到来，如何改变传统观念，发挥自身在知识生产和知识应用中的核心作用，是大学必须回答的一个重要问题。大学的职能正在扩展，从传统的教学与研究到鼓励创业精神和行为、组织创新创业教育、开发产业等，是新形势下大学职能的重大变革，这一变化是一个符合逻辑的、主动适应外部挑战的积极响应。

学科、专业的结构特征和运行状况从根本上决定了大学的组织特性和创新创业教育模式。在当今经济全球化形势下，大学正在针对原有的科学研究、教学、社会服务职能的运转机制，进行适应性变革，在不断变化的环境中寻找一条适宜自己发展的道路。随着战后美国大学商学院陆续开设创业相关课程，早期的创业型大学也迅速发展起来。20世纪80年代起，创新创业教育在美国大学走向成熟，创业型大学也大量涌现。大学开始广泛参与到各种经济活动中，频繁而密切地与产业界联系，出现了研究中心、孵化器、技术转让中心等一系列辅助科技创业的机构。创业活动最突出的大学，如斯坦福大学、麻省理工学院，其创新创业教育也在全球名列前茅。

"双创"教育正在与大学充分融合，其组织模式已经从传统的、单一的商学院中心的"管理聚焦"模式，向"管理聚焦"与非商学院的"光芒四散"共存的模式转变，形成了全大学范围的双创教育。而作为创业型大学，其也需要以高质量的、深入各学院的"双创"教育为基础，并结合学校的其他研究、学生组织和资金等资源，构建一个创业网络系统，促进其创业活动可持续发展。

目前，一方面，创业型大学通过开发教育课程和项目来促进"双创"的发展，不断在各相关领域为本科生和研究生增加创业课程和项目，通过在学科中设置创业课程让学生对创业有更好的认识和了解。如美国科罗拉多州立大学的创新创业学位项目，为学生开发了多学科团队学习路径。德国慕尼黑工业大学创业俱乐部项目作为一个集成式的创业教育方式，十分注重创业实践培训，为学生创办企业提供全程指导，给他们提供以实践为导向、以需求为基础的教学内容，融合了不同学科背景的知识。另一方面，创业型大学以各种方式不断提高大学生的创新创业能力，提供实践机会和资源支持，改变了传统教学模式，让学生在工作坊、实习岗位等真实情境中参与和开展创新创业活动。例如美国伊利诺伊州立大学成立了专利诊断中心，向法律专业的学生提供撰写专利申请的机会。威斯康星大学麦迪逊分校通过"创业得力"项目帮助学生向富有经验的年轻创业者学习。日本工业大学在大学生创新创业教育培养中非常注重创新成果的转化与应用，鼓励教师在学校建立中小型创业企业，为师生在校园内开办企业提供工厂，师生可以共同参与产品创新与企业生产，在实际创办企业的过程中为大学生提供"双创"场所，培养"双创"能力。

（二）全球创客运动蓬勃发展

创客教育是一种融合信息技术，秉承"开放创新、探究体验"教育理念，以"创造中学"为主要学习方式和以培养各类创新型人才为目的的新型教育模式。创客运动与教育的结合与碰撞已是必然，创客教育正在为教育的创新发展另辟蹊径。

当前，创客教育不仅在美国、英国和加拿大等发达国家风行，包括我国在内的很多发展中国家也逐渐意识到创客教育对高校"双创"教育的战略价值和实际意义，开始积极推动创客教育，以培养大批创新人才。2009年，美国白宫启动"创客教育计划"，旨在通过推动创客空间的建设以及发展各种创客项目来激发学生的兴趣和创造力，让每个学生都成为创客。同时，美国的创客教育正在试图将学校内教育与学校外教育连接起来，构建无所不在的创客空间，为所有学生发挥创意提供公平的机会和自由的环境。《2015地平线报告（高等教育版）》显示，创客教育将给高校教师的教与学生的学带来深刻变革，未来2~3年内，用于创客教育的创客空间将会在众多高校中得到采用。

美国引领下的全球创客教育运动正在兴起，而且表现出良好的发展态势。美国高校通过多种方式推进创客行动。2014年10月，亚利桑那州立大学主办了由美国知名高校负责人参与的全美高等教育创客高峰论坛，讨论美国高校如何更好地参与创客行动，并在会上推介值得借鉴与学习的高校创客行动案例。研讨内容包括：探索如何将创客行动整合于现有的高校学位课程中；如何开发或支持当地创客空间的建设；如何在高校招生过程中将学生的创客经历、创造能力纳入入学考核内容；如何拓展、深化高校与本地创客的交流；如何更有效地支持本地社区更好地参与创客行动。参会者还可以直接加入创客工作坊，实际体验、参与创造过程以及创客行动规划过程。另外，美国高校也积极通过校际交流协同推进创客行动。

创客运动不仅可以充分激发人们的创新潜质，解决人类共同面临的社会问题（如气候变暖、环境污染、食品安全、恐怖主义、种族冲突等），还有助于创新文化的普及，带给民众更多积极向上、友好协作、开拓进取的正能量，促进社会繁荣。创客教育将推动人才培养模式的加速转型（从标准化转向个性化，从单一化转向多元化），培养大批"实战型"科技创新人才，为创新型国家建设提供人才支撑。

（三）建设生态系统，协同发展创新创业教育

高校的"双创"教育是高校内外各种组织、要素相互影响的一种实践活动。近几年，国内外的大学都在积极构建创业教育生态体系，这些生态体系虽然表现形式各异，但实质上都是通过整合各种组织、要素，实现"双创"的发展的。

德国慕尼黑工业大学是全球知名的研究型大学，也是较早将自己明确定位为以市场为导向的创业型大学。该大学依据自身学科特点，不断完善创业支持机构、创业研究、创业网络、创业文化等要素，逐步构建了具有自身特色的创业教育生态系统，通过从生产者（课程体系）到分解者（机构组织）再到消费者（行业）的演进，并在催化剂（学生活动）作用下，实施整个初创公司孵化过程，最后通过消费者将信息反馈给生产者，形成整个创业教育生态系统。

斯坦福大学则通过建立创业网络来形成自己的资源整合平台，构建创业教育生态系统。该系统 2007 年正式启动，将校内 16 个创业相关组织联合起来，这些组织在创新创业教育和实践中的职能和性质不同，旨在为斯坦福大学的各种创业项目提供一个平台组织，为斯坦福师生、斯坦福社区、硅谷以及世界范围内与斯坦福创业有关的人员和组织提供服务。其主要职责有：为斯坦福大学所有创业相关活动提供网络门户；主持整个创业社区的教育和网络构建事件；组织斯坦福大学的年度创业周刊庆典；组织"创业教练热线"办公室，使学生可以与行业专业人士交流。为有创业相关需求的人提供了一个一站式的"全斯坦福创业"链接，促进各组织间的交流与合作，在斯坦福大学内外促进跨学科的创业教育和研究，整合了斯坦福大学的创业相关资源。

二、我国发展趋势

（一）顶层设计、政策驱动与自下而上的创业精神并举

2010 年以来，国家和教育部门大力发展高校"双创"教育。党的十七大提出了"促进以创业带动就业"的发展战略，明确指出要"完善支持自主创业自谋职业政策，加强就业观念教育，使更多劳动者成为创业者"。在这一政策背景下，教育部先后颁布了一系列推进高校创业教育的文件。随后教育部成立了"高等学校创新创业教育指导委员会"，这是一个涵盖企业家、企事业单位人员、高校教师和相关部门专家的组织，是在教育部领导下，对高校"双创"教育工作进行研究、指导、评估的专家组织，其主要职能如下。

（1）组织开展创新创业教育的理论和实践研究。

（2）指导高校创新创业教育的课程建设、教材建设和创业实践活动。

（3）组织开展创新创业教育师资培训、经验交流，宣传推荐创新创业教育优秀成果。

2014 年 3 月，教育部建立 4 个司局（高教司、科技司、高校学生司和就业指导中心）的联动机制，形成"双创"教育、创业基地建设、创业政策支持、创业指导服务"四位一体、整体推进"的格局。

作为"大众创业、万众创新"政策的重要组成部分，"双创"教育的发展进入新的阶段。"双创"教育的环境得到进一步改善，政策支持力度也进一步加大，各高校都深入推进教学改革，"双创"课程、"双创"学院等形式开始多样化。

与此同时，企业家精神成为高校创业者的原始力量。他们通过开放社区、创客空间、创意集市、众创平台，聚在一起结成创客联盟、创客联合会等，在其中分享创意、参与创造和交流思想。而这些社群都是高校学生创客们自发组织的，是一种兴趣群体。

高校创客空间概念宽泛且多样化，为创新创意转化和创业孵化提供了集成平台，各高校的"双创"教育设施和空间各具特色，创业教育空间生成和激发了校园创客文化，学生在创客空间基础上开展多样化的创造活动，以开放、合作和

共享的方式主动参与到创新创业活动之中，形成了一种内生的、自下而上的双创精神。

（二）科研训练计划与创业项目相互融合

2012年2月，教育部发布《关于做好"本科教学工程"国家级大学生创新创业训练计划实施工作的通知》，成立国家级双创训练计划专家工作组，指导实施"创新训练""创业训练"和"创业实践"三类计划，在创新训练和创业训练基础上开展创业实践活动。

在一系列政策的推动下，高校"双创"教育发展走向纵深，按照"兴趣驱动、自主实践、重在过程"的原则组织实施了"国家级大学生创新创业训练计划"。该计划投入大、覆盖面广，在提升大学生的创新意识和创新能力方面取得了较大成效。

各高校通过形式多样的项目，支持学生参与科学研究，构建了国家、省、校三级"双创"训练组织体系，充分挖掘专业课中的"双创"教育资源，在专业院系开发依托于某一学科专业或交叉学科的创业课程，建立实践基地与训练体系。

（三）产学研协同创新的创新创业教育体系已经初步形成

高校具备的科研优势、学科门类综合优势、培养创新创业型人才的技术研究和科技创新优势等特征决定了其培养基于知识的"双创"人才的优势。大学承担着大量的国家、省部委和企事业单位的科学基金项目，各类科技计划项目与技术开发项目，是产生创新技术、工艺和产品的主要源泉。目前我国已经构建了国家、省、校三级双创训练体系。高校"双创"教育的优势还体现在许多国家级的重点实验室、研发基地/中心、大学生创新基地都在大学内，这是科技创业者首先要实现知识创新或技术创新的硬件条件。政府与企业共同助力"双创"教育发展，资金与项目支持并举。在高校大力发展"双创"教育的过程中，政府及企业对各高校在资金投入和项目孵化上均有一定支持。

第三节　我国高校创新创业教育现状及存在的问题

一、我国高校创新创业教育的发展现状

（一）国内学者对创业教育内涵的解读

国内一些权威的词典对"创业"的含义进行了阐述。上海辞书出版社 2011 年出版的《汉语大词典》（第二卷上册）第 726 页"创"条目解释为"始造；初始；建造；创作；超出"。第 729 页"创业"条目解释为"开创基业"。张衡的《西京赋》中提到："高祖创业，继体承基。"商务印书馆 2012 年出版的《现代汉语词典》第 1519 页"业"条目解释为"行业、职业、学业、事业、产业"，内容比较宽泛。汉语大词典出版社 2000 年出版的《现代汉语大词典》第 232 页将"创业"解释为"开创基业"。商务印书馆 2012 年出版的《现代汉语词典》第 205 页"创业"条目解释为"创办事业，如创业史、艰苦创业"。

国内学者对创业教育的定义也有不同的阐述。创业教育是培养具有开创个性的个人的教育。彭钢在他的著作《创业教育学》中描述道："所谓创业教育，是指以开发和提高青少年的创业基本素质，培养具有开创个性的社会主义建设者和接班人的教育；是在普通教育和职业教育基础上进行的，采取渗透和结合的方式在普通教育和职业教育领域实施的，具有独立的教育体系、功能和地位的教育。"这是目前见到的对创业教育概念最早的解读。创业教育是生存教育、创新教育和素质教育。王彩华提出，创业教育是生存教育，是创新教育的延伸和深化，是素质教育的载体与体现。创业教育是培养企业家和工作岗位创造者的教育。侯定凯认为，创业教育就是培养未来企业家的教育思想与教育实践。创业教育是帮助学生提高创业能力，创造和把握新的商业要素的教育。张宁认为，创业教育是小企业教育的继续与升华。它有别于普通教育，担负着创业知识的传授及

创业实践的积累、创业技能的训练和创业意识与态度的培养这三大重任。创业教育是培养大学生心理素质的教育。王树声认为，创业教育就是进行事业心、进取心、探索精神、开拓精神、冒险精神等心理品质的教育。

此外，席升阳和林文伟从价值的角度对创业教育进行了解读。席升阳认为"创业是在社会经济、文化、政治领域内的行为创新，是创业主体为开辟或拓展新的发展空间并为他人和社会提供机遇的探索性行为。因此，创业教育是使受教育者能够在社会经济、文化、政治领域内进行行为创新，开拓或拓展新的发展空间，并为他人和社会提供机遇的探索性行为的教育活动。人的自由全面发展是创业教育的核心价值观。创业是人类特有的活动，并成为人实现价值的重要方式"。林文伟认为创业教育的价值理念是"以人为本"，创业教育的价值导向是"人的自由而全面发展"。

第一，无论"enterprise education"还是"entrepreneurship education"，都是从商业的角度考虑，为了更好地解决人们的生计问题。后来东京会议提出的广义的"enterprise education"与国内传统观念中的"创业教育"相对应是"比较准确和宽裕的"。"entrepreneurship education"与东京会议提出的狭义的"enterprise education"是相对应的，准确地说应该翻译为汉语的"企业家教育"或者"商业教育"。而目前绝大多数学者将"enterprise education"和"entrepreneurship education"都翻译为"创业教育"，并且在实际操作中多从狭义的创业教育角度出发。

第二，现在出现了一种奇怪的现象，"国际上对创业教育的解释由侧重承担风险、获取盈利转向创新、创造与价值的广义化倾向。在我国，对创业概念的理解正处在由中国古文化的传统解释向西方的狭义解释迅速靠拢的过程中"。也就是说，国际上从狭义的创业教育向广义的创业教育靠拢，而我国学界是从传统的广义的创业教育向狭义的创业教育靠拢。"作为一种独特的思考和行动模式，创业可以应用到任何人类事业中。"谢恩等人的观点代表了国外学者观点的转化。国内由于就业的巨大压力和高校现有教育模式的局限，正将国内高校的"创业教育"引向"商业教育"，走上功利化的道路。

第三，创业教育的内涵已经从商业领域的追求财富扩展到促进人的发展的本质价值。从创业教育内涵的解读及其发展来看，创业教育的本质是培养具有开拓性素质的人才。所以，创业教育就是一种旨在培养教育对象现在或者未来开拓事业所需素质的教育活动。与之相对应，大学生创业教育就是一种在高校实施的开发和提高大学生综合素质，使他们形成开创型个性、为终身可持续发展奠定基础的教育活动。大学生创业教育不是针对少数特定对象的技能性教育，而是以全体大学生为教育对象的综合性教育，应该为大学生灵活、持续、终身的学习打下基础。大学生创业教育应包含两个层面：一是指导大学生创办、运营企业；二是培养大学生开创型个性。大学生创业教育应该以第一个层面为切入点，以实现第二个层面为目的。大学生创业教育不同于社会上以解决生存问题为目的的就业培训，也不应是一种"企业家速成教育"。大学生创业教育有别于单纯的知识教育、能力培养和思想教育，着眼于大学生综合素质的培养。"也就是要充分挖掘大学生的各种潜能，注重激发和调动他们积极进取、自觉追求、勇于探索的创造意识和创造精神，注重对大学生优秀的心理品质、积极健康的思想情感和高尚的精神境界的培养。而不是急功近利，仅仅开设几门与创业有关的课程，局限于操作层面和技能层面。"所以，教育者要站在培养大学生综合素质、促进大学生全面发展的高度，在大学人才培养体系的整体框架内思考创业教育，以求得大学生创业教育目标的全面实现。

（二）高校创新创业教育的发展

20世纪90年代，我国高等教育在实施素质教育时，把创业教育渗透到其教育之中，紧跟世界高等教育思想变革的发展趋势。但是，很多高校对开展创业教育课程的现实意义缺乏正确认识，认为创业教育是处于"正规教育"之外的可有可无的"业余教育"；高校所开展的创业教育课程没有形成体系，课程设置缺乏系统性。有人认为，把创业教育纳入教学环节，不能仅仅开设几门课，它将涉及教学的系统改革，学校教学的各个环节都需做出相应的配套、调整和支持。

1998年12月24日，由国务院向教育部批转的《面向21世纪教育振兴行动计划》文件中，要求各高等学校一定要在大学生中实施创业教育，鼓励大学生自主创业。随后在全国教育工作会议上，对创业教育又做了加强，高校一定要把培养创新精神和创新人才作为发展的目标，要求高校转变观念，转变教育模式。一些国家领导人相继对加强创业教育做了相关指示，并要求政府部门在落实创业教育过程中对大学生的创业给予大力支持。通过政府设立小额贷款来扶持、鼓励、帮助大学生创业，认真践行创业政策。

2000年1月11日在全国高校技术创新大会上，教育部重新对大学生创业做了规定，如大学生可以采取休学保留学籍的方式来创办企业。参加此次会议的多所大学校长表示非常赞同大学生创业，只需在规定的时间内（原则上为两年）完成学业。接着许多高校相继出台了一些帮助和鼓励大学生创业的政策和举措。在国家政策对创业教育的引领下，高校大学生的创业教育有了实质性的进展。

据李时在、常建坤等人关于创业教育方面的研究，在我国高等学校中分两个阶段开展了创业教育和创业活动。

第一阶段是号召各高校根据自己的办学特色自主探索创业教育（1997年初至2002年4月）。在这一阶段，一些层次比较高的学校及时制定了创业教育计划实施方案。"清华大学大学生创业计划大赛"作为首届创业活动在全国高校中影响特别大。接着由团中央和全国学联发起号召，在全国举办"挑战杯"创业大赛，全国创业大赛、创业活动拉开帷幕。一些高校也把创业课程安排到教学计划当中。如将"科技创业""创业教育"等作为高校必修课程，在此基础上，一些科技园相继建立，为大学生创业提供了便利并给予政策支持等。同时还为大学生创业给予经费支持，缓解大学生筹资难的问题。随着创业教育的开展，人们对创业越来越认可，越来越受到社会的支持和高校的重视，给大学生创业也带来了越来越多的便利。

第二阶段是由政府给予政策支持得到多元化发展（2002年4月至今）。为了使创业活动有特色、有代表性，教育部将9所高校作为创业教育试点院校，清华大学把科技论坛、大学生科协、专家报告会、创业学术沙龙等作为创业教育的亮点；中国人民大学在课程管理和设置上规范科学，针对大学生创业特点，开设"企业家精神"课程，针对创业中的管理方法，开设"创业管理"课程，同时还开设一些选修课。北京航空航天大学为大学生搭建创业平台，除开设了一些课程外，还注重实践，尤其是创业园的建立，让大学生在实践中提升创业能力，真正把创业教育理念渗透到大学生的课程和学习生活中。

（三）我国高校创新创业教育取得的成绩

2002年教育部选择9所高校作为开展创新创业教育的试点，我国高校创新创业教育取得了较大进步。目前主要形成了三种创业教育模式。

第一种是"一二课堂结合模式"。这种模式的实践以中国人民大学为代表，在开展创业教育中将第一课堂与第二课堂结合起来。这种模式除培养学生创业所需的基本知识、理论与技能外，还注重培养学生创业意识。第一课堂侧重学生的创业理论，主要开设了创业管理等课程。通过这些课程的学习，培养学生创新思维，拓宽学生自主选择与个性发展的空间。第二课堂侧重学生的创业实践。通过开展创业教育讲座，开展各种创新、创业竞赛等方式，鼓励学生将第一堂课所学的创业知识运用于社会实践活动中，形成了以专业为依托，以项目和社团为组织形式的"创业教育"实践群体。

第二种是"健全教学机构模式"。这种模式的实践以黑龙江大学为代表，通过组建职能全面的创业教育教学机构来推进创业教育。黑龙江大学成立了5个校级创业教育试点单位，全面推进创业教育。这5个单位分别是创业教育领导小组、创业教育学院、创业教育中心、创业教育协调委员会、创业教育专家组。学校通过教学改革，充分发挥教育试点单位功能，在专业教学领域和创业实践领域分别推进创业教育。首先，在创业知识教授领域，开设多门课程，为学生提供各种创业教学资源。其次，在创业社会实践领域，通过资金支持和奖励等，鼓励学生参与到创业实践中。此外，还可通过创业宣传，引导广大学生参与创业教育的学习和实践，全面提升学生的就业竞争力和创业素质，实现学生灵活就业和自主创业。

第三种是"以创新为核心的教育模式"。这种模式的实践以上海交通大学为代表，在创业教育中以素质教育为基础、终身教育为理念、创新教育为核心。除向学生讲授创业知识以外，还向创业者提供必要的资金和技术支持等。该模式特别注重对学生创业实践的培训，并建立创新活动评价体系。最终实现专才向通才、教学向教育、传授向学习的转变。

二、我国高校创新创业教育及存在的问题

（一）创新创业教育认识存在偏差

创新创业教育的根本目的在于：第一，使大学生树立崇高的理想和终极价值目标。第二，培养大学生的创造和开拓精神。第三，使大学生掌握创业的思维方法。过去大学只重视知识的传授而忽视思维方法的训练，这严重影响了创业活动的开展和创业思维的形成，必须予以纠正，因此，在创业教育中，要向大学生传授思维方法的技巧，特别是灵感思维方法、抽象思维方法、求异思维方法、简约思维方法等。第四，使大学生掌握创业所必需的专业知识与技能。第五，使大学生懂得金融、财务、法律、市场运作等方面的基本知识，培养其敢于冒险的精神和必胜的信心。

当代大学生缺乏创造和开拓精神，所以要在大学生中进行创业教育。我们应有意识地培养大学生的冒险和对待失败的从容态度。帮助学生开阔视野，培养他们的创业精神和创业能力，使创业文化活动发挥促进整个社会发展的作用。

很多高校的领导对创业教育理念存在偏差，把创业教育混同于普通教育，并单纯地认为创业教育就是培养学生创办企业的能力，有的还认为大学毕业生能够就业，没有必要开展创业教育。甚至有些教师认为创业教育是对传统教育的否定，学生不能丢掉专业学习。这些领导和教师认识上的偏差，导致高校对创业教育缺乏政策导向和经费支持，从而限制了我国创业教育发展，表现在以下几个方面。

第一，我国高校创新创业教育意识淡薄。受经济条件的制约，再加上高等教育起步较晚，我国高校正处在发展提高阶段，对创业意识的认识还不够深刻，还需积极的探索和实践。要加大在社会中的宣传，引起政府部门的重视，要让政府官员转变思想观念，支持创业教育，在政策上和经费上进行倾斜。同时还要提升高校领导层的认识水平，让他们理解创业教育，支持创业教育。在大学生中积极动员，对他们进行创新精神的熏陶，改变创业意识淡薄的状况，让全社会都重视创业教育。

第二，我国高校创新创业教育观念滞后。大学生对开展创业教育的实质认

识不足，接近半数的大学生认为想办法"赚钱"是开展创业活动最主要的目的。还有一少部分同学认为创业就是几个人凑在一起做一些简单的生意，甚至误将帮助教师查资料、整理文件等勤工助学等同于创业。多数学生没有观念上的认识，而只是简单认为有了资金就能创业，忽视了创业应具备的知识、能力、技巧、方法和环境等的影响。之所以产生这种认识上的偏差与高校的教育引导和观念认识密不可分。许多高校在大学生创业上还存在认识不清的问题，对学生创业教育还缺乏从思想上疏导和启迪。创业教育观念落后，不能把正确的创业观念灌输给学生，这也是大学生对创业教育认识不清的原因之一。

第三，我国高校创新创业教育体系认识欠缺。尽管政府对创业有政策的支持和帮扶，同时，也有媒体的大力宣传，各高校也根据各自的经费、场地等实际情况对创业教育划拨专门的资金支持。但由于各高校的认识层面不同，对创业教育重视不够，每个高校创业教育课程的开展就不同，很多高校仅开设一两门课程，如"创业学概论""创业管理"等。不能很好地设计课程，教学内容简单，教学手段不实，教学方法陈旧。高校偶尔也会邀请本地知名企业家做讲座、搞一些创业计划活动，但大多没有形成系统的、制度化的创新人才培养体系。国内高校仍然将传授知识作为主要目标，设计的创业活动缺少与实际的联系，这就说明对创业教育的认识还不够深刻，创业教育师资经验不足，所授课程和研究不能很好和创业实践对接，把一些具有创业经验的企业家拒之门外，导致认识上的欠缺。

第四，经济条件制约创新创业教育的发展。创业教育的实施需要以一定的经济条件为基础，但目前，我国的经济发展水平在一定程度上制约了我国创业教育的发展，主要体现在我国高校财政资金来源渠道不足，缺乏多元化的创业融资渠道。目前我国高校财政资金大部分来自政府资助和科研基金，缺乏国外"第三收入"之类的来源渠道，比如从工厂、企业、慈善基金、地方政府、校友捐助等渠道获取经费。一方面是由于我国投资政策的局限；另一方面也反映了创业精神的培养不能停留在宣传上，要主抓大学生的创新能力和责任意识培养，加强大学生的个人独立能力培养，不能仅依靠家长、高校、社会的支持，学生要形成对自己负责、对家庭负责、对社会负责的责任意识。另外，我国高校还缺乏创业及创业教育外延拓展，高校创业教育实践环节严重缺乏，高校的创业教育资金不足和这些有很大的关系。

第五，制度因素制约对创新创业教育的认识。创业教育需要政府的倡导、经济的支持、社会氛围（包括资金支持、技术的支持、政策的支持、机会的给予、资源共享等），我国尚缺乏个人创业的社会氛围。历史的原因，计划经济的传统思想还束缚着人们的行动，还在根深蒂固地影响着人们创新的文化环境，很难一下子把人们从传统的观念中解放出来，也很难有勇气自主创业。据全球创业观察报告，我国的创业资本在创业活动中投资的很少，在全球观察报告中显示是最低的，创业资金主要是自筹，包括亲戚或朋友资助，缺乏社会创业资金来源。只有少数试点高校有政府部门设立专项资金支持，其他高校只有靠自己，制度政策不能向所有高校倾斜，导致创业教育活动在高校中不能普及。

（二）创新创业教育专业师资力量薄弱

纵观发达国家创新创业教育，其师资队伍主要由资深专家、成功人士、政府官员组成，其经验丰富，对创业的流程清楚，还熟悉企业的发展变化和运营规律。在我国，创业教育队伍参差不齐，也有一些学术专家，但有些人从未真正进行过创业，还有一部分是就业指导课的教师和辅导员老师，这些人给学生上课既不生动贴切，也没有说服力。导致我国创业教育师资力量薄弱的原因有以下几方面。

第一，传统教育导致创业教育人才储备不足。创业教育是一种新型教育模式，是适应市场变化的创新性教育。由于原有培养人才的模式比较陈旧，在一些大学的课程设置中缺乏这样的内容，导致创业教育这方面的人才缺乏，没有传、帮、带的资源，所学专业和创业教育脱节。因为创业教育针对性很强，对人的创造性、创新能力和创业能力要求都比较高，尤其是技巧、技能方面和现实联系紧密。传统的教育未能培养出创业教育的接班人，导致创业教育这方面的师资非常缺乏，这就要改革我们的教学体系，变革人才培养模式，为下一步创业教育顺利开展打下坚实基础。

第二，传统观念制约了创业师资的发展。创业教育是一门很强的实践性课程，对教师的专业素养要求很高，我国传统式教学方式，使大多数教师缺乏交流，思想受到禁锢，传统观念占据了整个教育思想，缺乏开放的、具有国际视野的教师。由于教师的认识偏差，大部分高校创业教育效果不佳，创业教育的师资无论是数量还是质量都达不到要求。从思想意识角度讲，还得改变传统观念，把培养创新型教师作为解决创业教育的难题来抓，投入一定的资金，培训创业教师，提升创业教育质量。

第三，我国创业教育的发展还不成熟。我国创业教育的起步较晚，基本上处于探索阶段，相关研究还比较少，实践经验还是不足，又没有形成合理的评价机制。在大多数高校中评价教师教学质量优劣的主要指标是科研成果，重论文、轻教学。尤其在教师评级评职中，科研成果数量是硬性指标，这就导致全体教师向这个方面奋斗，教育实践开展得比较少，和学生交流的机会更少。这在一定程度上影响了创业教育向更深层次发展，制约了创业教育在高校中正常进行。高校要改变这种状况，必须改革教师评价机制，把积极参与学生创业的教师作为先进典型树立起来，对这方面工作做得好的教师在评职评级时优先考虑，充分调动教师的积极性，扩大创业教育队伍。

（三）创新创业教育的课程设置不合理

创业教育实现的好坏很大程度上取决于创业课程的安排。但是，目前我国开设创业教育课程的高校较少，并且缺乏实践经验，导致创业教育课程设置方面也存在许多不合理的地方，突出表现在课程安排缺乏针对性和操作性。创业教育课程是一项复杂的综合课程，它涉及多类学科领域。部分院校开设的创业教育课程只针对管理学院、工商学院等与经济较为紧密的学院的学生，很难向全校学生开放。创业教育教材是创业教育的基础，没有完善的理论和具有实践指导意义的教材，教育就无法正常系统地开展，更难以取得相应的效果。目前使用的教材大都来自欧美，这些教材虽然填补了我国创业课程教材开发的空白，但也存在缺陷，一方面，教材内容与我国国情不相符；另一方面，国外的教材缺乏针对性的案例分析，不能实现理论与实践的结合。因此，未来应该加大对本土教材的研发力度，争取早日实现国内学生用国内教材的目标。

（四）创新创业教育的教学形式较单一

我国现行的创业教育通常采取统一的教学计划，通过公共选修课加创业计划大赛的方法，对不同学科专业的学生予以统一的培养，忽视了学生的专业差异和个性特点；在教学内容上，教材内容单一、枯燥；教学方法方面，仍保留教师讲授，学生听课、记笔记为主的方式，不能充分发挥大学生的主观能动性，忽视了学生参与的重要性；在考试方面，仍沿用强调知识的单调记忆的做法，而没去考查学生解决实际创业问题的能力和素质，这种封闭单一、重知识传输而轻能力培养的创业教育模式往往扼杀了学生的创新思维，不利于创业素质和能力的培养，严重阻碍了创新创业应用型人才的培养。

（五）创新创业教育文化氛围缺失

我国传统文化教育中，要求学生服从教师，教师服从学校，中规中矩，缺乏教师和学生的互动，缺乏探讨，这种教育模式抑制了人们的主动性和创造性。要想改变这样的传统就必须加大宣传力度，在公开媒体上多宣传、多报道，弘扬人的个性，改变教育模式，弘扬创业教育，把大学的创业教育通过官方的多种渠道，传递给社会，并营造良好的创业文化氛围。又由于我国市场经济的发展历程较短，相关政策法规不完备，政府支持力度不大，基础设施不健全，教育与培训跟不上，社会中存在对创业概念的曲解，创业氛围不足，各种社会媒体也没有系统有效的宣传。创业教育发展受到了各种阻碍和限制，使创业教育进入了发展的瓶颈期，要想创业文化氛围浓郁，宣传效果好，必须做好以下两个方面的工作。

第一，严格创业实践，注重能力提升。在创业实践中，通过开展创业计划书撰写、模拟实践活动让大学生充分了解创业的意义、创新型人才的要求，在教师的指导下帮助学生了解市场变化规律，分析其风险，教育学生掌握丰富的知识，学会应对复杂多变的环境。努力培养学生的创造性思维，学会观察问题、分析问题、解决问题。注重在实践中增长才干，增强他们的创业思维和实践能力，在提高大学生的能力时，创造良好的文化氛围。

第二，克服传统观念，弘扬创新理念。在创业教育的过程中，传统的观念制约着创业活动的实施和开展。由于不能及时变革旧的教育方式，创业过程无章可循，都是自行摸索，闭门造车，脱离实际，在创业教育的概念、内涵和管理模式上产生误区，活动很难取得实效。所以，要在创业教育的实践中，创新思维，使新的理念贯穿创业的全过程，形成与社会的联动机制，加强与企业的合作，建立创业实践基地，通过新媒体推广宣传创业教育的优点，争取更多的社会资源支持和帮助大学生创业。

所以，要在全社会形成良好的创业舆论宣传，从正面引导，通过官方网站、微信、微博等现代技术手段弘扬创业教育。鼓励大学生练好自身本领、树立典型、以榜样的作用传递正能量，引起全社会的关注，大力营造创业教育文化氛围，使创业教育活动在我国高等学校中顺利开展，并取得显著成效。

第三章 大学生创新创业教育体系构建

第一节 大学生创新创业教育教学体系构建

教学是人才培养的重点和关键，是实现创新创业教育目标的中间过程和重要途径，也是高校组织创新创业教育活动的基本依据。对于高校来讲，教育目的需要通过以教学课程为中介的手段实现。

一、教学系统的总体思路构建

（一）设定服从于创新创业教育的目标

教学系统是为人才培养服务的，构建创新创业教育教学系统需要以实现高校选定的创新创业教育目标为核心，从战略的高度进行统一规划。

研究型大学、教学研究型大学面向全体学生的普及性创新创业基础教育，着眼于学生素质的培养，要求学生系统地掌握与创新创业有关的理论知识。创新创业教育是为专业学习服务的，侧重于激发学生在专业领域或者相关领域的科学创新精神，为学生设定未来创新创业的"遗传代码"，需要强调人文素质和修养、与专业教育相融合、理论教学等方面。在教学模式的选择上，应该考虑学生不同的专业学科背景、不同的年级、不同的特质，将创新创业教育融入专业课程教学以及素质拓展等人才培养的全过程，保证教育教学内容的全面性和综合性。

教学型大学、职业技能型大学的创新创业教育以培养实用型高技能人才为主，重点培养依托于专业领域开展创新创业活动、有更高成功率的创新创业型人才。在进行创新创业教学的时候，要更加重视与专业或职业教育的融合，在实践教学中直观而有效地教授应用技能，让学生理解、接受和掌握，通过亲身经历、亲自操作、直接经验和真实感悟获得的创新创业技能，往往给学生的印象更为深刻和持久。在教学模式的选择上，应该考虑选择优秀的、有创新创业潜质的"创新创业苗子"，做好针对性的培训指导，为其提供孵化创新创业项目的政策和条件是达到教育目标的关键。

（二）把握理论教学和实践教学的结合

创新创业需要创新创业者综合运用多种知识和技能，创新创业教育的教学必须体现这个要求，把创新创业精神培育和创新创业能力培养高度统一，遵循"理论＋方法＋应用"的培养思路。现代教育理论认为，理论教学与实践教学是高校人才培养的两个重要环节，理论教学使学生获取对理论和知识的理解和认识，实践教学使学生切身感受理论在实践中的运用，获得实际经验，进而内化为自身专业素质和实践能力。

通过实践课程让学生消化、掌握创新创业知识，用理论指导创新创业实践活动有序进行；实践课程既能丰富理论课程的内容，又不断产生新的创新创业知识，使理论与时俱进。

创新创业教育课程应该分为理论和实践两部分。创新创业教育理论课程以教授创新创业知识为主，使学生掌握开展创新创业活动所需要的基本知识，包括创新创业的基本概念、基本原理、基本方法和相关理论，涉及创新创业者、创新创业团队、创新创业机会、创新创业资源、创新创业计划、政策法规、新企业开办与管理以及社会创新创业的理论和方法。创新创业教育实践课程以提升创新创业能力为主，通过创新创业教育教学，系统培养学生整合创新创业资源、设计创新创业计划以及创办和管理企业的综合素质，重点培养学生识别创新创业机会、防范创新创业风险、适时采取行动的创新创业能力，熟悉新企业开办流程与管理，提高创办和管理企业的综合素质和能力。

创新创业精神和创新创业意识的培养，是理论教学和实践教学融合的结果，同时还受到个人先天遗传秉性、创新创业文化、创新创业环境等方面的综合影响。要求学生树立科学的创新创业观，主动适应国家经济社会发展和人的全面发展需求，正确理解创新创业与职业生涯发展的关系，自觉遵循创新创业规律，积极投身创新创业实践。

从美国、英国和我国大部分高校的创新创业教育实践情况来看，创新创业教育主要包含了以理论课程为核心的第一课堂、以实践课程为核心的第二课堂，特别需要注意的是，实践课程所占的比例要高于理论课程。因为创新创业教育实践性很强，必须重点突出实践类课程、活动类课程、实训类课程，需要增强创新创业教育教学的开放性、互动性和实效性。课程考核的时候，尤其侧重能力方面。

（三）分层次制定教学培养方案

创新创业教育的教学培养方案应该分层次、分阶段制定，并且根据不同层次的培养任务安排好教学进度和考核方式。

第一层次为普及性的创新创业基础教育。这个层次的创新创业教育是面向全体学生普及创新创业基础知识，课程一般安排在大学的前期阶段，如一年级和二年级，以选修课为主，强调创新创业教育、专业教育和基础知识的融合，重视组织学生参与第二课堂活动中的讲座报告、论坛沙龙、社团活动等，以考察为主，考核要求不高。

第二层次为针对性的创新创业专业教育。这个层次的创新创业教育是给部分对创新创业比较感兴趣的有潜质的学生提供专业理论知识和创新创业技能的辅导，课程一般安排在大学学习的后期阶段，如三年级或者四年级，以选修课和必修课为主，内容以企业管理能力教育为主，强调创新创业专业技能，重视引导学生参与第二课堂活动中的创新创业计划大赛、商业模拟竞赛、创新创业基地实践活动和训练等，考核方式仍然以考察为主。

第三层次为特殊性的创新创业实践教育。这个层次的创新创业教育是为少部分创新创业条件成熟的学生提供的创新创业培育和孵化指导。这些学生已经可以称为"学生创新创业精英"，基本具备创办企业的各种素质能力，对他们的教学安排将会是特别制定的，计划和进度与前两个层次有所区别，考核标准以创新创业成功率为主。

（四）多元化的教学评价方式

创新创业教育有别于其他方面的教育，尤其是创新意识和创新创业思维培养，单纯以整齐划一的开卷或闭卷考试成绩来判断教学质量，是不符合创新创业教育规律和学生个性发展需求的，因此需要建立一个多层次、多元化的灵活的评价标准来对学生参与教学的情况进行评价。创新创业教育注重实践课堂，所以教学评价也应该以考查、考核实践能力为主，如可以采取笔试、口试、考察操作能力等方式进行评价，也可以将调查报告、创新创业计划书等材料作为评价内容，还可以由学生、教师、专家、企业界人士成立考查组对学生创新创业综合素质和能力进行客观全面的评价。

（五）教学系统的实施途径

从已开展创新创业教育的高校教育实践来看，大部分高校选择通过三种途径来开展创新创业教学活动：一是通过现代科学知识和人文知识所内含的文化精神的熏陶和教化，使学生的人文修养、创新创业个性、创新创业精神和创新创业意识在潜移默化中生成；二是将创新创业教育更深地融入知识教育和专业教育中，注重学科间的沟通与互动，使创新创业教育课程与学科课程相互渗透和交融，将通识教育与专业教育进行互补性的组合和配置；三是独立地传授创新创业学的基本知识和学科理论，传授与创新创业有关的经济学、管理学、组织行为学等学科知识。高校也可以根据不同专业人才培养目标的定位及特点，在专业平台上不同程度推进基于岗位创新创业的创新创业知识培养；还可以鼓励专业教师在专业课程教学过程中，适当地增加与创新创业有关的知识点，适当地优化课程体系结构来培养学生基于专业知识的创新创业素养。

二、创新创业教育的课程设计

（一）课程结构

课程是教学活动的载体，是实现创新创业教育目标的关键。创新创业教育的课程结构应该是多个学科课程交叉但偏重于企业管理。课程设置要求打破学科之间的壁垒，合理选择课程类型，确保课程之间的衔接性、连贯性和逻辑性，保持教学的连贯性，使教育知识体系得到整合和运用，学生的创新创业思维和创新创业能力得到均衡发展。

课程结构安排还需要考虑创新创业教育与专业教育、理论教学与实践教学、课堂教学与活动教学的协同对接问题。美国的创新创业教育表现为课程组合，无论是金字塔形还是圆形课程设置，都采用选修课和必修课相结合、理论课与实践课相结合的方式，开发配套的系列课程体系。我国高校学习借鉴了这样的模式，目前已经推行创新创业教育的高校绝大部分都采用类似的课程设置。这样的课程设置不仅解决了普及性的创新创业教育问题，还解决了精英式创新创业教育问题。

创新创业教育的实践教学相比其他专业教育尤为重要。创新创业教育从最早出现时，就非常重视并坚持采用理论教学与实践教学、课堂教学与活动教学相结合的方式。如今，作为创新创业教育标志性活动的创新创业计划大赛已经风靡全球，开发和建设大学生创新创业教育实践基地、创新创业项目孵化器、大学科技园等在开展创新创业教育的国家得到高度重视，一些国家甚至直接将其纳入国家创新体系项目，政府不仅在政策上、制度上，而且在资金上也给予了鼓励和支持。

（二）课程内容

创新创业教育的重点是培养学生的综合素质，激发潜在的创新创业能力，实现全面可持续发展。这些素质和能力的培养需要教育课程内容里不仅包含提高素质与修养的现代科学知识和人文知识，还要包含系统的创新创业学及与创新创业相关的学科知识。鉴于创新创业教育理论与实践两个方面的需求，课程内容要突出实践性、综合性、方法性和技能性，即使是专业理论类的课程，其内容也必然要服务于理论指导实践这一主旨思想。

根据学生已有水平选择适合的课程内容。创新创业教育的课程内容，不仅要注重不同专业背景学生的知识起步和接受能力，还要区别不同层次的学生需求。创新创业教育在面向全体学生的阶段，对于非经济与管理专业的学生来说，他们没有这些方面的专业理论基础，在课程安排上不但要把握好知识的深度和难度，还要把握好与专业课程之间的衔接。

创新创业教育课程内容应该与传统企业管理课程内容有所区别。传统企业管理课程主要是向学生提供系统的企业经营和管理知识，如确定企业的目标、领导、计划、组织及控制，以获得期望的销售、利润及增长，内容安排上要全面，在组织管理、生产管理、经营管理、财务管理、市场营销、企业技术经济、危机管理、人力资源管理等方面都应该有所涉及。创新创业课程强调的是使学生认识到如何发现和利用商务机会、如何创建和发展新企业，安排的课程内容要能够帮助学生全面了解小企业各个功能区域之间的联系，发展学生的创造能力、对不确定性的忍耐能力、风险识别能力、企业评价能力、企业策划能力、职业评估能力、交易能力及组建社会关系网络的能力等。这意味着创新创业课程的内容必须应对和解决提高学生识别机会、追求机会的能力以及将潜在商业机会转化为创建成长与发展迅速的企业的能力的问题。

三、创新创业教育的教学方法解读

教学方法是为完成教学任务服务的，创新创业教育不能采取传统填鸭式的教学方法，而应该充分采用多元化的方法，强调参与式和探究式教学，变被动接受知识为主动探索知识，启发学生的创新创业思维，增强学生的实际动手能力。

（一）理论课程教学的常用方法

在创新创业教育理论课程教学中经常使用的教学方法有讲授法、案例法、研讨法、头脑风暴法、角色扮演和游戏法、开放式教学法、网络法。

1. 讲授法

讲授法是教师通过讲解向学生传授知识（如描绘情境、叙述事实、解释概念、论证原理和阐明规律）。结合创新创业教育要求，教师要启发学生的创新创业意识，激发其创新思维，讲授上要有很强的感染力；内容上重视理论与实践的结合，启发学生利用已有的知识或对实践活动的认识进行分析思考，因势利导，让学生一步步获得新知识。讲授法的优势在于可以预先试讲并能够计算所需的时间，在短时间内传递大量信息；讲授法的劣势在于由于被动听讲，学生积极性受限，应用知识的能力和方法不能体现。

2. 案例法

案例法是以问题为起点，以客观事件为材料，训练和提高学生在复杂情况下认识、分析和解决问题的理性思维与客观技能的方法。案例教学以学生为核心，教师只扮演促进者及引导者的角色，教师提出问题并检视问题解决的过程，这种方法不仅能使学生参与教师的教学过程，而且可以使学生从当事人的角度去思考和解决实际问题。在案例教学的情景模拟环境下，可以尝试让学生自己去做商业决策，独立解决企业运营的相关问题，并且将课堂理论、课堂模型、思维方式应用在如何处理真实世界的问题上，这些问题通常都是他们未来在实际创新创业环境中会遇到的。案例法最早出现在哈佛大学，现在已经被广泛应用于工商管理教育中。从适用性来看，案例法完全可以用于创新创业教育。案例法的优势在于帮助学生在没有实际问题和事件的压力下了解问题的实质并获得身临其境的感受，激发学生学习的动机；案例法的劣势在于现实情况往往与案例不同，而且教学案例选择和编写难度比较大。

3. 研讨法

研讨法是一种在教师指导下进行的学生之间集体对话和互相学习的形式，学生之间和师生之间开展多向信息交流从而实现教学目的。研讨法从根本上改变了以教师为中心的课堂教学结构，既发挥教师的主导作用，又发挥学生的主体作用。学生在学习中讨论问题从而激发创新思维，加深对知识的理解。研讨法的优势在于能得到学生运用知识的信息，学生也有可能改变自己的态度；研讨法的劣势在于有可能偏离主题，使讨论毫无意义，学生有可能变得固执，盲目坚持自己的观点。

4. 头脑风暴法

头脑风暴法是教师提出问题后，鼓励学生去思考，不用考虑答案的正确性，尽可能多地去寻找答案，教师也不作评论，一直到所有可能的答案都找到为止。这种方法有利于激发学生的原创思维，在思考答案的时候能够摆脱思维定式，提出超乎寻常的独特想法。这是一种创新创业教育教学过程中提高学生创新能力时经常使用的教学方法。头脑风暴法的优势在于其具有高度的参与性，使课堂氛围活泼生动，并激发学生的创造性思维；头脑风暴法的劣势在于所需时间较长，聚焦关键问题答案有难度。

5. 角色扮演和游戏法

角色扮演和游戏法是为了更好地适应创新创业教育实践性强的特点而采用的教学方法。学生通过角色扮演或者游戏的方式，在创新创业模拟的游戏和实践活动中，培养创新创业技能和解决现实问题的能力。角色扮演和游戏法的优势在于培养表演者迅速解决问题的能力，帮助学生获得应对企业中发生问题时的信心；角色扮演和游戏法的劣势在于实际情况有可能不同于角色扮演和游戏的情景，给学生造成错误的印象，有可能使表演偏离实际，闹出笑话。

6. 开放式教学法

开放式教学法是一种具有实践性的现场教学方式，根据创新创业知识或创新创业技能的需要，邀请高校以外的创新创业成功人士或者专家，为学生讲授创新创业、管理、财务、法律等方面的知识，可以在校内，也可以组织学生到企业和社会中进行教学。学生也可以在不影响学习的情况下，利用自身的技术优势创办企业，体会创新创业的过程，培养创新创业意识与创新创业能力。开放式教学法的优势在于较好地锻炼学生创新创业实践技能和创新创业心理品质，劣势在于易浮于形式不能使学生真正学到知识。

7. 网络法

网络法是以有线网络为中介的一种远程教学形式，是通过网络教学建立集课堂与课外网上互动、理论学习与创新创业实践操作、学习活动与网络活动于一体的教育方式。网络教学充分利用信息技术和网络技术的优势实现教学过程，给学生提供一个自由、灵活、互动的网上课堂。使用共享的创新创业教育网络平台，学生可以阅读更多的创新创业案例，学习需要的创新创业知识，也可以在网上进行创新创业，锻炼各方面的实践能力，满足个性化学习的需求。教师通过网络平台实现教学监督和控制，提供教学指导和服务。网络教学还为跨地区教学提供了便利，解决了教学资源分配不平衡的问题。网络法的优势在于学习不受时间和空间的限制，实现教育资源的共享，信息量大，可以在网上进行创新创业；网络法的劣势在于学生管理松散，教师对学生的学习内容与进程难以控制。

（二）移动互联网时代下的新教学方法与模式

在移动网络时代，翻转课堂、微课、慕课等教学方法和模式，是对传统的教学方式的一种颠覆。特别是移动数码产品（手机、平板电脑）和无线网络的普及，基于这些新教学方法和模式的移动学习、远程学习、在线学习将会越来越受到青睐，成为新型的教学模式和学习方式。创新创业教育可以应用这些教学方法的优势，打造一个可以让学生自主学习，进行探究性学习的创新创业教育新平台。

1. 翻转课堂模式

翻转课堂就是教师创建视频，学生在课外观看视频中教师的讲解，回到课堂上师生面对面交流和完成作业的一种教学形式。翻转课堂具体的做法是：学生在课堂学习之前，通过互联网观看教师教学辅导视频，听讲解，阅读电子书籍和相关资料，完成课前学习讨论；课堂变成了老师和学生、学生与学生之间交流互动的场所，包括答疑解惑、学习讨论和知识的运用等。

翻转课堂重新调整了课堂内外的时间，将学习的决定权从教师转移给学生，学生要对自己的学习负责，如果没有在课前自觉观看视频，就无法理解课堂的面授交流，而课堂上师生互动和个性化接触的时间增加，教师则变成学生学习的"教练"，不再是站在讲台上的"圣人"。翻转课堂能够让创新创业知识的学习更加灵活、主动，让学生的参与度更高。

2. 微课模式

微课是以诠释某一个知识点为目标，以短小精悍的在线视频为表现形式，以学习或教学应用为目的的在线教学视频形式，是为使学习者自主学习并获得最佳效果，经过精心的信息化教学设计，以流媒体形式展示的围绕某个知识点或教学环节开展的简短完整的教学活动。

微课的优点：一是知识精，都是根据教学要求选择的核心内容，一个课程只解决一个主题；二是教学时间短，相对于传统课堂时间而言，一般不超过 10

分钟；三是资源容量较小，视频的格式支持网络在线播放，容量不大，能够实现流畅地在线观摩和灵活方便地下载保存。微课将系统的知识"碎片化"处理，能更好地满足学生对知识点的个性化学习、按需选择学习、查缺补漏学习，通过不断的微知识、微学习达到积少成多、聚沙成塔的目的。微课是传统课堂学习的一种重要补充和资源拓展。

3. 慕课模式

慕课即 MOOC（Massive Open Online Courses，大型网络开放课程），是新近出现的一种在线课程模式，它是为了增强知识传播而由具有分享和协助精神的个人或者组织，通过互联网发布的开放式课程模式。

慕课最明显的特点就是"大"：首先是知识传播量大。课程覆盖范围广，大量课程是开放共享的。其次是听课的学生多。与传统课程只有几十个或几百个学生听课不同，慕课课程动辄上万人听课，最多时达几十万人。再次是影响的范围广。课程材料散布于互联网，上课地点可以不受限制，无论身处何地，只需要一台电脑和网络连接，就可以享受到全球的课程。最后是涉及人群广泛。慕课是通过在线学习完成的，不受时间、空间的限制，如感兴趣，只需注册，人人都可以参加学习。

（三）实践课程教学的常用方法

开展创新创业教育实践课程，应该积极拓展有效的实践途径，发挥第二课堂活动的优势，将课堂知识与创新创业实践紧密结合起来，培养学生在实践中运用所学知识发现和解决实际问题的能力。在创新创业教育实践课程教学中，经常使用的教学方法有创新创业比赛、创新创业讲座、创新创业沙龙、模拟教学等。

1. 创新创业比赛

创新创业比赛是指以各种比赛、竞赛的方式来开展创新创业实践教学活动。创新创业比赛是在紧密结合创新创业课堂教学的基础上，以竞赛的方法来激发学生理论联系实际的实践能力，通过比赛增强学生对创新、创造的认识和理解，使学生能运用理论课程中学到的分析方法和掌握的知识去发现、分析和解决创新创业过程中出现的各种问题，从而培养学生的创新创业思维，提高综合创新创业能力。创新创业比赛已经被运用到创新创业教育过程中，最著名的是大学生创新创业计划大赛。目前，我国高校学生参加的创新创业比赛种类繁多，有政府部门主办的，有高校联合主办的，有高校单独主办的，还有企业或者社会团体主办的。

2. 创新创业讲座

创新创业讲座是指以讲座、讲堂、讲坛、报告的形式来开展创新创业实践教学活动。讲座是由一个或数个主讲教师（专家、嘉宾或公众人物）以公开或半公开的形式向听众传授某方面的知识和技巧，以扩大听众知识的一种教学活动形式。大学讲座的历史可以追溯到中世纪，当时讲座代表着对学术声望的追寻，对学术教职的尊重以及对学术能力的认可。时至今日，讲座已经不是纯学术方面，而是扩展到各个领域，形式也呈现多样化。创新创业讲座一般邀请的是创新创业研究领域、创新创业教育领域的专家和创新创业者、企业家、社会知名人士，围绕着创新创业方面的某一个主题进行解读和探讨。

3. 创新创业沙龙

"沙龙"一词源于意大利语"salotto"，指的是豪华的会客厅。现在"沙龙"指的是一种讨论活动，这种讨论活动有规模小、议题简要、非正式化的特点，主要针对参与者感兴趣的文化、思想、学术等方面进行探讨和交流。创新创业沙龙在高校内很普遍，有的是学校组织的，有的是社会团体或企业在高校内组织的，还有大学生自发组织的。在美国和英国，常见的是高校学生、校友和创新创业相关人士自发组织的创新创业者俱乐部开展的创新创业沙龙。我国一些高校中也有学校与政府或企业合作组织、学生社团自发组织的创新创业沙龙，如同济大学的同济 — 杨浦大学生创新创业沙龙、上海交通大学的创意沙龙和现在流行的创新创业咖啡沙龙等。

4. 模拟教学

模拟教学就是在教师指导下，学生在仿真或者虚拟的创新创业环境中进行创新创业技能训练。创新创业教育模拟教学法源于行为导向教育思想，是人们对现实及未来社会职业人才新要求的思考以及教育和学习概念的重新认识，更进一步延伸出行动学习、体验式学习。模拟教学法已经被大量地应用于各种教育领域，在开展创新创业教育的高校中，一般采用的教学方式有教学软件模拟、商业游戏模拟、沙盘演练、角色扮演等。

另外，教学中采用较多的教学方法还有创新创业者访谈、创新创业项目考察、训练营等。

第二节 大学生创新创业教育管理体系构建

一、创新创业教育管理的组织结构分析

大学组织结构其实就是组织责权关系、权力等级的分工结构，反映大学的基本形态和运行状况。组织结构设计理论认为，组织结构设计的最终目的是看它能否正常运转，设计出来的组织结构是否合理有效。组织有一个显著的特点，就是组织内部存在劳动分工、权力等级和信息交流，且这种分工是为实现特定的目标而有意构建的。

大学生创新创业教育管理的组织结构主要指高校内部的领导体制和管理体系，是影响创新创业教育活动的组织、运行与发展的基本形态，是高校内开展大学生创新创业教育的分工形式、职权划分、协作机制等形成的结构体系。创新创业教育管理的组织结构是高校创新创业教育各项教学活动能顺利开展，实现创新创业教育目标的组织保障。

我国高校创新创业教育管理的普遍情况是已经形成学术管理团队与行政管理团队两个系统、两支队伍。从高校运行和管理的范畴考虑，学术管理团队主要是保证学术活动的实施和开展，对学术事务进行管理和决策；行政管理团队主要是行政管理机构和管理人员，根据学校设定的办学和发展目标，对各项方针政策进行设定、实施和管理。两个管理团队一起服务于一所大学的创新创业教育整体发展目标，两种权力都属于管理范畴，只是涉及的管理对象和内容不同。

（一）学术管理团队

学术管理团队是以促进高校创新创业领域学术研究和交流、创新创业教育

教学、创新创业学科发展为目的，能够为创新创业教育提供学术性和专业性指导的团队。世界上许多发达国家的大学都成立了专门的创新创业教育中心，主要提供创新创业方面的学术课程、开展外延拓展活动以及进行创新创业领域的研究等。目前，我国创新创业教育的最高学术管理团队是挂靠在教育部的高等学校创新创业教育指导委员会。

1. 学术管理团队成员

学术管理团队的骨干成员都是具有高学历、高职称、高学术能力，来自多个院系或单位的专家、学者、教授，或者是有创新创业经历的知名企业家和创新创业者，又或者是具有丰富创新创业管理经验的社会人士。

2. 学术管理团队的领导和管理

学术管理团队的领头人是学术管理团队的核心人物，是创新创业教育领域的带头人，不仅要具有较深的学术造诣，还要具有把握学术方向的能力、较强的人格魅力和组织协调能力，能够凝聚团队骨干成员，确保团队目标的实现。学术管理团队具有很强的专业性，团队的组建和管理一般需要依托高校内经济管理学科的二级学院或者科研机构，给予师资支持和学科背景支持。在日常管理方面，要给予学术管理团队足够的权利，既要处理好高校内学术权力与行政权力的关系，还要建立合理的分类考核激励机制，使学术管理团队能够健康发展。

3. 学术管理团队的职责

学术管理团队的职责是根据创新创业教育学科的特点、内容和发展规律，对学术性事务进行管理和专业指导，因此，其应该具有较强的创新创业教育方面的学术创造力，学术创造力的强弱在一定程度上决定了团队竞争力。团队的学术创造力是团队不断创造新知识，并不把创造的新知识转化为人才、成果、社会服务的能力，具体表现为发表高水平的创新创业教育研究学术论文、开展创新创业教育课题研究、组织创新创业教育的师资培养、开展创新创业教育教学并解决教学中的关键问题、组织国际（或国内）学术交流与合作等。

（二）行政管理团队

行政管理团队是具有行政属性的组织结构。行政组织的主要目标是为教学科研服务，维护教学活动的有序进行。行政管理团队是高校创新创业教育总体资源的配置者，是整体教育活动的协调者和管理者，其为大学生创新创业教育提供整体规划和决策，以及系统指导和各种配套服务。有了良好的行政管理团队，创新创业教育才能成为有保障的、规范的教育活动。

1. 行政管理团队成员

行政管理团队分为领导决策层和执行管理层，领导决策层的成员通常由高校权力层级较高的学校领导和部门领导组成，成员原有职务不变，兼职参与创新创业教育行政领导工作。目前，我国大部分高校行政管理团队领导决策层的成员由校级党政领导、职能部门领导、二级学院领导兼职担任。执行管理层的成员通常由学校教学和行政工作人员兼职担任，有的高校设置了专职工作人员。

2. 行政管理团队的领导和管理

行政管理团队的成员结构影响着团队的领导和组织方式，行政管理团队领导决策层中行政权力最高的人是团队的领导者和带头人，团队利用领导决策层成员的职权和领导岗位所拥有的调动学校教育资源的能力来领导整个团队。行政管理团队凭借特殊的结构和运作方式，能够迅速积聚各种资源、协调各部门行动，推动创新创业教育相关工作。

3. 行政管理团队的职责

高校中行政管理团队，有些是以专门成立的创新创业学院或创新创业中心的形式存在，有些是以工作组的形式存在。创新创业学院或创新创业中心有独立建制的，也有挂靠在二级学院或者某个职能部门的。行政管理团队的主要职责是统观全局、全面协调、统筹资源，具体到创新创业教学活动，其职责主要包括统筹教学需求、配置教学资源、协调教学秩序、调动教学积极性、评价教学效果等。

（三）两个管理团队之间的关系

我国高校的基本特点决定了其特殊的权力结构，发挥决定性作用的就是学术权力和行政权力并存的二元权力结构。因此，创新创业教育学术管理团队和创新创业教育行政管理团队构成了高校创新创业教育管理的二元权力组织结构。在行政事务管理方面，行政管理团队做好创新创业教育活动的决策、组织、领导、调配工作；在学术研究和专业教学领域；行政管理团队的任务是做好协调和服务工作；在学术事务方面，学术管理团队则应该发挥学术研究和学术交流主体的作用。

高校应努力构建学术管理团队和行政管理团队相互尊重、协同配合、合理分治、相互支持、相互监督的运行机制，避免在相互依赖中产生抵触和排斥情绪，从而更好地处理行政权力和学术权力的关系，优化高校创新创业教育的内部治理结构，为构建协同发展的现代大学生创新创业教育打下坚实基础。

二、"专家 + 团队"的创新创业教育教学队伍管理模式构建

大学职能变化、人才培养模式变革、知识发展和学科分化交叉融合等，都需要改革与创新大学师资管理模式，构建"专家 + 团队"师资队伍管理模式成为必然选择。"专家 + 团队"创新创业教育教学队伍，是指以一位或者多位教学经验丰富、在学术研究方面有一定造诣的专家级教授为首，按照不同教学任务组成不同的教学团队，完成一定的教学目标。

构建"专家 + 团队"的创新创业教育教师队伍管理模式的理由有四个：

（一）从创新创业教育自身特点来考虑

创新创业教育是高度综合化的新教育领域，还没有形成独立学科，需要依靠多学科的力量来开展教学活动，达到优势互补的联合培养目的。

（二）从创新创业教育目标来考虑

创新创业教育培养的是复合型人才，原有的以教师个体为主的教学工作方式已经无法适应人才培养需要，同时大学生创新创业团队的选培和孵化是一个复杂的过程，也需要整合多方的资源和力量共同教育、推进和培养。

（三）从创新创业教育管理组织机构的特殊性来考虑

创新创业教育管理组织机构是由学术管理团队和行政管理团队组成，团队

有独立建制的，也有非独立建制的，团队成员兼职是比较普遍的现象。从国内高校创新创业教育师资情况来看，其主要来自科研机构或行政机构，甚至来自企业或社会，他们中的大部分人是兼职从事创新创业教育的教学活动。

（四）从师资培养的角度来考虑

构建"专家＋团队"的创新创业教育教师队伍管理模式能够在一定程度上缓解创新创业教育师资不足和大学生创新创业教育需求量大的矛盾、教师知识结构单一和复合型人才培养的矛盾等，确保创新创业教育教学质量，完成教学任务。依托"专家＋团队"的创新创业教育教师队伍管理模式，能够搭建一个师资培养的平台，通过专家帮助和团队成员间的协作快速提升个人教学水平，充实教师队伍的力量。

三、科学有效的学生管理

科学有效的学生管理是教育活动正常运行的保证，也是实现教育目标的基石。实施大学生创新创业教育，不仅要构建与之相适应的教育管理组织结构，也要对作为高校管理重要组成部分的学生管理进行改革，构建适应创新创业教育的学生管理机制。

（一）面向个性化培养的学生遴选

使受教育者健康成长始终是教育的出发点和落脚点，学生群体的条件和素质直接关系到整个教育系统的成败。特质论的观点认为，成功的创新创业者有一些共同的品质，其中一部分是与生俱来的，如充沛的精力、健康的体魄、稳定的情绪、敢于创新和冒险、对机会的感知等；另一部分则是在后天养成的，如组织领导力、管理决策力、风险规避能力、经营运筹能力、对模糊度与不确定性的容纳度等。创新创业教育实质上就是最大限度地挖掘并发展受教育者的天生特质，通过教育培养受教育者契合社会需要的各种创新创业技能。按照教育部要求，要面向全体大学生开展普及性的创新创业基础教育，这个阶段的创新创业教育是不需要对受教育者进行遴选的。但是针对性的创新创业专业教育和特殊性的创新创业实战教育，是面对其中一部分大学生的，哪些学生适合参加后两个阶段的教育，还是需要经过慎重遴选的。

高校遴选学生参加后两个阶段的创新创业教育的方式有很多种，如一些高校通过举行创新创业计划书比赛、创新创业项目比赛等形式遴选优秀学生，为这些学生提供专家（高校专家和创新创业导师）跟进指导、项目孵化、资金支持等辅导教育和实际帮助；一些高校开展分层次的创新创业课堂，考核参加普及性创新创业基础教育的学生，选择出部分对创新创业感兴趣的、有企业家潜质的学生，提供更深层次的、更专业、更精细化的创新创业课程辅导；一些高校设置基础课程、专业课程、专业方向课程等，在教学方案制订中已经为特定学生群体安排好有针对性的教学培养方案，有步骤地选择不同群体开展不同内容的创新创业教育。大部分高校学生的遴选都是基于个性教育的要求，兼顾普及性创新创业基础教育，继续细化、分类实施创新创业教育。

创新创业教育并不等同于创新创业，不是所有的大学生经过创新创业教育之后都可以成为企业家，也不是每一个大学生都要参与创新创业的活动。创新创业是个性化、个体的活动，受教育者是否有创新创业意愿，是否有企业家精神，是否具备了创新创业的条件，都是开展个性化创新创业教育和创新创业实战教育的必备条件，也是鼓励大学生创新创业的前提条件。

（二）根据不同的创新创业教育模式开展学生管理

我国高校创新创业教育的四种模式（项目教育模式、课程教育模式、基地教育模式、综合教育模式）是比较有代表性的，不同的创新创业教育，学生管理的方式也不一样。但由于接受创新创业教育的大部分学生本身专业、学制变化不大，归属的院系也没有改变，所以，这里指的学生管理类似于第二专业或者是第二课堂教育活动的学生管理。

1. 项目教育模式的学生管理

项目教育模式中的项目是指在一个固定的时间区间，为了达到特定目标而调集一定的创新创业教育资源开展的一系列教育活动，也可以说项目是特定目标下的一组任务或活动。项目教育模式的资金来源于项目设立方或者资助方，一般项目都会按照设立方或者资助方的要求指定专门的项目管理机构，拟定专门的项目管理办法，学生的管理也必然按照项目管理办法来进行。项目是由一系列活动组成的，这些活动是为满足某种需求而发起的，它们必须在一定时间内完成，一旦超时项目便会终止，因此项目都是具有生命周期的。学生在参与项目的过程中，不仅要服从学校其他方面的管理，还要服从项目的特殊管理，一旦项目结束，对于学生而言，管理就终止了。

2. 课程教育模式的学生管理

课程教育模式的学生管理的重点在于教学方面的管理，如协调学生原专业课程学习与创新创业课程学习的学分转化、学习时间穿插安排、学习考核等，根据课程目标和教学模块将学生分成不同的班级或者团队，从而进行专门的管理。

3. 基地教育模式的学生管理

基地教育模式中的基地是创新创业教育的核心和关键点，而进入基地的学生主要是创新创业意愿比较强烈的或者是已经有创新创业项目的，对于这些学生的管理，主要是采取帮助、激励、制度化相结合的方式。从帮助的角度来讲，给予学生创新创业实践经验的指导；从激励的角度来讲，无论是创新创业资金的支持还是创新创业成果的肯定，对于他们都是一种动力；从制度化的角度来讲，那些进入基地的成功创办了自己企业的学生，已经是实质意义上的创新创业者，所以对他们的管理也要考虑国家和地方的相关法律法规和政策问题。

4. 综合教育模式的学生管理

综合教育模式的学生管理需要结合以上三种管理要求来考虑。

（三）弹性学制下的学生管理创新

2014 年 11 月，教育部发布了《关于做好 2015 年全国普通高等学校毕业生就业创业工作的通知》，要求高校要建立弹性学制，允许在校学生休学创新创业。

弹性学制是由学分制演变而成的，是学分制的另类发展和表现，在学生专业培养目标和基本条件不变的前提下，允许学习困难的学生放慢学习进度，延长修业年限；允许学有余力的学生缩短修业年限，或者选修第二专业；允许有实际需要的学生工作和学习交替，分阶段完成学业。弹性学制是学习年限有一定伸缩性的学校教育教学模式，其最终目标就是为各类教育相互衔接搭建的桥梁，积极探索因材施教的途径和方法。弹性学制顺应了受教育者对教育选择的个性化和多样化需求，尊重受教育者人格和个体的差异，有利于人才培养和身心健康发展，使大学教育凸显个性特征。

弹性学制对有创新创业愿望并希望边学习、边创新创业的学生而言，无疑是一个利好政策，大学生的创新创业积极性能够被释放，有利于推进创新创业教育的实践。弹性学制下，学生可以根据自身实际情况选择学习、创新创业、就业，实现工学交替分阶段完成学业。

学生选择提前进入社会，能够了解市场、熟悉社会，实现自己的创新创业梦想，积累创新创业经验，增强创新创业能力。但是必须强调一点，不经过慎重考虑和科学评估就贸然休学创新创业是不可取的，也是不鼓励的，只有当自身条件和市场机会成熟的时候，才是创新创业的最佳时机。

弹性学制对传统的学生管理工作是一个不小的挑战，灵活的学习年限对学生管理机制创新形成倒逼态势，学生管理工作必须进行相应的改革，以适应弹性学制的特点和要求。

第三节　大学生创新创业教育内部环境体系构建

一、大学生创新创业培养的平台体系解析

致力于青年创新创业实践平台建设，开展创新创业教育和创新创业研究，有利于形成大学生创新创业工作体系，更好地服务地方社会经济的发展，也是培养学生创新精神和实践能力的重要方式。

（一）孵化平台

1. 以确立创造力价值链为内部核心的创新创业平台目标和理念

将创新创业服务平台与创新教育作为一个整体去实践和向前推进，加强培养学生的创新意识、创新创业能力和创新创业精神，以满足知识经济对劳动者创新精神、创新能力、管理技能等方面的需求。

创新创业孵化平台是让学生学会用理性的思维来看待未来职业发展中可能遇到的风险，启发创新思维，鼓励学生用创造性思维来思考未来，帮助学生获得对社会及市场的判断力和洞察力。因此，要让学生具有创新创业意识，就必须不断地调整高校人才培养方案，将创新创业融入整个课程体系，渗透教育教学全过程，注重个性教育、素质教育。培养创新创业师资力量，要着眼区域创新人才的培养目标，改革教学内容和方法，根据不同的学科和专业方向，设置专门的创新创业课程，聘请既有理论造诣又有成功创新创业实践的专家来校授课，实施任务驱动、项目主导的工作室教学，在体验、互动和协作实践中激发学生们的创新热情，培养其创新兴趣，使其在实践中磨炼创新意志，启迪创新思路，享受创新带来的乐趣。

2. 建立全方位、个性化的创新服务体系

创新创业孵化平台应结合学校和社会的优势，优化资源配置，为创新创业提供及时、有效、准确的服务。

（1）信息服务。通过建立行业企业信息库、专家库、技术信息库以及图文资料查询等方式，为创新创业主体提供准确的人才、技术、市场供求等服务，通过项目、技术、人才、市场、思想等信息的聚合和交流，激发创造灵感和新思路，促进创新创业各要素的高效对接。

（2）人才服务。利用高校的师资力量和广泛的人脉资源，为各级各类创新创业主体提供培训、咨询、指导、组织等个性化的智力服务；通过向区域输送大量的具有创新意识和能力的毕业生，为企业和社会管理提供人才支撑的同时也为自己赢得口碑。

（3）技术服务。整合高校的研发资源，引进企业研发中心，利用科学的工艺配方、先进的研发设备，适时、便捷地为师生创新创业提供技术支持。

（4）后勤服务。通过区域高新园区或设立独立的高校创新创业园，努力为创新创业主体提供完善的后勤配套服务。

（二）教育平台

将创新创业教育全面融入高校人才培养的全过程，构建全方位的创新创业教育平台，使大学生创新创业能力培养体系化、系统化，成为新时期高校人才培养质量提升的重要着力点与落脚点。

为有效开展大学生创新创业教育，培养大学生科技创新精神，探索创新型人才培养模式，用创新创业带动就业，提高人才培养质量，学校应通过修订人才培养计划、强调实践教学环节和学科创新竞赛有机结合、开展创新创业教育平台等逐步完善大学生创新创业教育体系。

1. 树立创新教育理念，将创新教育贯穿人才培养的全过程

完备的专业基础知识、良好的综合素质以及大量的社会实践训练，都是创新创业过程中必须具备的条件，缺一不可。专业基础知识是提升学生创新创业能力的前提，专业教育本身就是创新创业教育的一部分。将创新创业教育融入人才培养的全过程，是在现有的专业知识教育背景的基础上，在人才培养过程的各个环节和专业课程体系中融入创新创业教育的理念。这就要求教师树立起创新创业的教育理念，发挥主动探索的精神，充分挖掘专业教育过程中的各种创新创业要素，启迪学生的创新创业意识，拓宽学生的创新思维，使学生带着发现问题和解决问题的意识去学习。只有将创新创业教育的理念一步步融入专业教育课程体系，才能从根本上将创新创业教育贯穿人才培养的全过程。

2. 构建创新创业教育课程体系，强化学生创新创业能力培养

创新意识和创新创业能力的培养是创新创业教育的核心，学校可以采取开设公选课和创新创业培训班两种形式，使学生接受创新创业意识和理念教育。单一的创新创业指导课程并不能满足学生创新创业能力提高的要求，必须建立以兴趣为导向的创新创业课程教育和学习体系。因此，公选课的内容包含就业创新创业指导、创新创业管理学、创新创业机会评价与选择、大学生发明创造与专利申请以及管理学基础、经济学基础等相关课程。通过开设专业课、创新创业类课程和聘请高级管理人员进行讲座，逐步培养具有扎实专业基础知识和经营管理才能，较高创新意识、创新素质和创新技能的高科技产业经营管理创新创业型人才。

3. 以实践教学环节和学科创新竞赛为着力点，培养学生的创新精神和实践能力

加强学校和企业的合作，深入探索"企业＋学校"的人才联合培养模式。

积极推行校企联合培养机制，学校的人才培养不再局限在校内，而是要推进到企业生产和科研实践的前线。学校应当鼓励有科研项目的教师带领学生参与到科研项目中，使学生在本科学习期间就有机会和导师一起开展科学研究。

建立完善的学科竞赛体系，探索学科创新竞赛长效机制。将创新创业实践纳入学分体系，学生参加第二课堂的实践活动，可获得创新创业实践学分。以各级"本科教学工程"项目为依托，把学科创新竞赛与人才培养、学科建设、课程教学改革、实践教学环节等有机结合起来，引导学生积极、主动、大胆地设计和参加各类学科竞赛以及创新创业训练项目的申报与实施，在实践训练中全方位提高创新创业能力。

实施大学生创新创业训练计划，加强学生创新创业能力实践。通过实施大学生创新创业训练计划项目，强化学生创新创业能力训练，充分调动学生学习的积极性、主动性和创造性，激发学生的创新精神和创新创业意识，培养学生的创新能力和创新创业能力。

（三）研究平台

1. 建立科学化的"双创"运行管理和服务保障制度

努力构建新型学生创新创业工作制度体系，以"符合实际、促进工作、科学可行、形成特色"为基本要求，切实加强大学生科技创新工作规范化管理，推进大学生科技创新活动的品牌化运作。

2. 加强科研创新实验平台建设

把加强科研创新实验平台建设作为一项基础工程来抓，切实改善科研条件，为大学生专业综合技能、科研和创新创业能力的培养提供坚实的物质保障。在加强硬件建设的同时，进一步完善实验室开放、共享机制，引导、支持在校大学生利用实验室开放机会，主动进入实验室和实训中心，开展专业技能训练和创新创业项目研究，全面培养大学生专业实践能力、创新思维、创新精神和创新能力。

3. 将大学科技园建设成为创新创业梦乐园

严格按照国家对大学科技园的标准建设，实行高新技术产业园、大学生创新创业园、大学科技园"三位一体"模式，提升教师科技成果的转化能力，有效地带动学生创新创业教育。鼓励教师充分利用科技转化的平台，加强学生的创新创业教育工作。

4. 做好服务，培育创新创业的创客文化

不断提高创新创业指导服务水平，构建科学化、立体化、专业化的创新创业指导服务体系。将创新创业文化作为大学文化建设的重要内容，使创新创业成为校院办学、教师教学、学生求学的理性认知与行动。

二、大学生创新创业实践平台构建研究

（一）创新创业一体化实践认知

创新与创新创业是不可分割的有机整体，二者相互联系、缺一不可。创新创业在本质上体现为一种创新活动，创新为创新创业指明了方向。创新创业教育在实践过程中，应积极探索，建立起一整套完善大学生创新与创新创业密切结合的一体化教育管理模式。以大学生的创新活动带动创新创业，以创新创业活动促进创新教育的发展，相互呼应，形成崭新的教育模式。在这个过程中，需要深入理解创新创业教育的本质与内涵。更重要的是，高校创新创业教育实施的关键是要深刻认识到实践活动的重要性。

一般认为，创新创业实践包含创新实践和创新创业实践两大部分。创新创业实践侧重于确立创新创业意识、掌握创新创业基本技能和方法。创新实践侧重于培养学生的创新精神、创造性思维，拓展创新操作能力。大多数高校将这两类实践独立起来。事实上，创新创业实践和创新实践两者都强调发掘并提高学生的创新创业的基本素质，让学生能够独立自主地发现问题、提出问题、解决问题，达到构思与创造的目的。创新创业实践和创新实践，在性质、目标、功能、教育对象等方面具有共性，应结合系统观念，把创新创业实践整合在一起，进行一体化考虑，统筹发展。

创新创业一体化实践的实质是实现创新创业实践与专业实践、校外实践的深度融合，建立系统化的创新创业实践教学体系。其内涵丰富，实现途径多样，

核心内容主要包括：把创新创业作为一体化实践硬件平台；具有特色的一体化实践教学模式；一体化实践平台的开放与运行机制的建立。同时，创新创业一体化实践平台还应具备开放性、自主性、实践性、层次性等特征。

（二）创新创业一体化实践平台建设的重要意义

第一，能够加强创新创业教育与专业教育的融合。在我国高校创新创业教育中，因为大多数教学局限于创新创业实务的层面，没有深入分析，没有把创新创业教育与专业教育结合起来，导致教学中出现"两层皮"现象。高校创新创业教育并不是简单地鼓励学生自主创新创业，而是从素质教育的角度出发，目的是为社会培养高素质的创新创业人才。在当今社会，创新创业必须具备一定的专业技术水平。一体化实践平台的建立正好符合这一需求，通过一体化实践平台开展教学工作，能够将创新创业实践、创新理念和专业学习融合在一起，并在创新实践和专业实践中为创新创业提供一个大体框架和项目支持。

第二，有益于综合式、普惠式教育的开展。建立一体化教学平台，能够让学生在学校的教育中深化创新理念、进行创新实践，为创新创业奠定基础。一体化教学平台集中体现了综合式教育思想，而在目前的高校教育中，创新和创新创业的教学分属于不同的管理部门，有种隔阂存在于各学院和学科之间，这很容易导致资源浪费现象的发生，直接影响教学效果。通过建立一体化教学平台，不仅能够打破可利用资源不足的局面，消除部门、学院和学科之间的隔阂，而且有利于专项教育资源共享，保证资源得到充分利用，实现普惠式创新创业教学。

第三，能够弥补现有创新创业教育中的不足。总的来说，我国的创新创业教育发展较晚，在教学实践中存在许多不足。例如，实践教学能力有待提高，缺乏一个有深度和系统化的课程体系等。我国的创新创业教育与发达国家相比，在国家经济发展中起到的推动作用不够大。现有的创新创业教育模式也比较单一，过于注重书面知识的讲授，没有为学生提供一个可以实践的机会和平台。构建创新创业一体化实践平台，有利于打破课程、教材和场地的局限，促使教学由课内自然地延伸到课外，实现课内外教学并重，加强理论与实践的结合和互补。

（三）创新创业一体化实践平台的设计目标

构建创新创业一体化实践平台，需要明确设计目标，并以此为指导。因此，学校在平台建设前，应该指导学生对其职业生涯进行合理的规划，帮助学生制定符合自身发展的职业和学习规划。同时，学校应该根据学生对教学实践的需求，加强与企业的合作，开展校企联盟的培训模式，建立学校与企业合作的双元创新创业平台，拓展和深化实践课程体系。

在创新创业一体化实践平台的设计中，学校应该整合各种优质资源。社会和企业的职责在于为学生创建实践的硬平台，而学校则应该为学生的基础理论教学创建软平台。一体化的创新创业教育，旨在将理论教学与实践教学有效结合。因此，学校要重视理论课程的设计，并不断在教学中优化理论课程教学体系。对于有创新创业意愿的学生，学校应该为学生设置具有针对性的创新创业课程进行指导，为其后续的创新创业活动提供帮助，鼓励学生自发建立创新创业组织。同时，学校还应该为学生创新创业提供相应的场所，方便学生开展相应的活动，为学生创新创业前期的策划提供有力保障。社会和企业应该积极地接纳学生创新创业团体，为学生的创新创业活动提供实践基地，给予一定的资金支持，提供必要的硬件设施。

（四）创新创业一体化实践平台构建的具体策略

1. 强化课堂教学与实习实践的融合

教师在创新创业一体化实践平台中开展教学时应该考虑到后期的实习和实践，加强课堂教学与实践的融合发展。因此，在课程教学设计中，教师除设置专业知识和技能的教学板块之外，还应结合学生自身条件和社会发展对人才的需求，有针对性地开展教学实践和实习，将创新创业意识融入其中。在实际的教学中，教师可以将基础的创新创业活动与学生的生活实际结合起来。比如，营销专业的教师，可以开展销售活动的实践，将销售生活用品的创新创业活动与学生的日常生活联系起来。在开展创新创业活动的实践中，学校应给予充分的支持和高度重视，并加强学校和社会的合作，为学生的实践活动提供产品支持，做好创新创业活动中学校和企业的服务对接沟通工作。通过这样一体化的创新创业实践活动，学生既能加强对专业知识的理解，也可以在小型的创新创业活动中深化创新创业意识。

2. 开展小组创新创业实践的相关训练

对于专业知识掌握较好的学生，通过一体化实践平台开展教育时，教师可以提前安排参加顶岗实习。同时，在创新创业实践活动中，教师不断优化相关训练，让学生在一个相对宽松的创新创业环境中开展创新创业实践，并鼓励学生自发组建创新创业活动小组，悉心指导学生顺利完成创新创业项目。在实际教学中，教师应从入学开始，综合学生的需求，为其量身设计合理的实践项目和实训计划，开展二元创新实践的训练，为学生提供小组实训的机会，并对学生的实践水平和能力进行考核。

3. 搭建创新创业一体化实践平台的双元情境模式

在创新创业一体化实践平台中，学校应为学生开设双元情境模式，促使学生在学校和企业双方的培养下，顺利进入具体创新创业情境中。企业应为学生的实训提供必要的参考资料，让学生能够根据市场数据进行创新创业活动的优化设计。在这样的校企合作办学模式中，学生得到企业的支持，在遇到困难时可以向学校反馈，学校根据学生的实际需求为学生提供专业的指导以及场地和经费的支持。创建一体化的创新创业实践平台，旨在为学生提供模拟的、真实的创新创业环境，确保创新创业情境的真实呈现，进而激发学生的创新和创新创业热情。

4. 一体化实践平台建设的主要内容

（1）硬平台建设：第一，建设一批定位准确、面向集群、服务对象为广大学生的综合创新实验室。这类大学生综合创新实验室定位是清晰的，高于基础或专业教学实验室，低于中高级科研实验室，为大学生科技创新实践活动提供必要的硬件支持，全方位开放实验室。例如，依托化学及材料学科建立的大学生发明制作创新实验室，依托学校优势学科，相对独立存在，功能齐全，开放性、包容性强。大学生综合创新实验室的建成，可形成一批支持文科、理工科学生创新团队科研实践活动的集群式平台，并可通过创新创业团队将功能延伸到创新创业实践活动中。第二，建设功能齐全、与社会互动性强、实战效果好的大学生创新创业实践平台。一体化实践平台中的大学生创新创业实践平台类似瑞典隆德大学创新创业实验室模式，定位于为大学生提供创新创业技能培训和创新创业实践活动服务。这一平台可以增强学生的就业与创新创业能力，增强大学生创新创业模拟体验，培养学生知识转化与实际动手能力。大学生创新创业孵化基地可接纳各类创新创业团队，并与地方政府部门及企业合作，不断提升创新创业团队与社会的互动性，促使孵化实战成功。

（2）软平台建设：第一，建设层次多样、内容丰富、修读方式灵活的创新创业课程体系。根据创新创业教育的发展规律，依托校内外优质师资资源，组建一支高水平的创新创业理论教学与实践指导教师队伍。委托课程建设团队充分挖掘已有创新创业课程潜力，构建层次多样、内容丰富、修读方式多样、开设方式灵活的创新、创新创业课程体系，包括必修、选修、公共课等，开设一批创新、创新创业网络视频公开课。第二，发挥平台系统优势，统筹管理，适宜全体学生发展。一体化实践平台实质上是科学管理、深度开放的实践平台，资源共享的实验平台，创新成果直接向创新创业实践转化的实战平台，同时也是与校外实践平台对接的开放平台。通过科学统筹的管理机制，学生创新创业团队的实践活动成为创新实验与创新创业实践平台的衔接纽带，创新实验成为创新创业活动的发动机，学生的主动性和创造性得以充分发挥。专业背景、理论基础、实践阶段等大不相同的学生都可以在平台上开展基于问题、项目、案例的学习实践，实现一体化实践平台整体与部分功能的最优化，培养学生的自主学习能力。

（五）建立创新创业一体化实践平台的运行管理机制

为提高大学生创新创业实践平台的运行效果，必须建立高效运行的保障机制、规范有序的管理机制、互惠互利的合作机制。

1. 保障机制

（1）组织保障：成立科学的管理组织机构，主要是为了协调处理创新创业实践平台建设与运行过程中的重大问题。由省级大学生创新创业基地建设指导委员会和管理委员会统筹负责创新创业实践平台的建设与运行。建设指导委员会由学校分管副校长任主任，专业学院院长、基地公司总经理任副主任，负责指导、监督和评估创新创业实践平台的建设与运行。管理委员会由专业学院院长和基地公司总经理分别任主任和副主任，由学校研究生学院分管副院长、专业学院分管副院长、基地公司总经理助理和人事部经理、校级工程实践平台负责人任委员，负责创新创业实践平台的建设运行与制度管理。同时，管理委员会下设办公室，由专业学院分管副院长、基地公司人事部经理等负责创新创业实践平台建设与管理的日常工作。双方交流互动，共同参与，共同发展。

（2）制度保障：为提高大学生培养质量，除加强管理制度执行力外，还应按照"整合教育资源、突出创新能力、提升培养质量、规范过程管理"的原则，以学校大学生培养质量监控体系文件为基础，不断修订和完善适应学校与基地公司实际的管理制度，如学位论文盲审、实践考核办法、开题报告与中期进展报告、答辩等。

（3）经费保障：一定的建设经费是创新创业实践平台高效运行的重要保证。一是省教育厅根据当年预算由省级财政进行定向拨款；二是学校按省级教育厅的文件要求提供配套建设经费；三是专业学院根据校院两级财务管理方法预留部分建设经费预算；四是基地合作的公司出资一部分；五是双导师的科研项目资助小部分科研成果费。同时，要重视将科技成果转化为生产力和经济效益，注重在产业中寻找新的发展动力，以增强自我建设与发展能力。

2. 管理机制

（1）培养管理：构建理论教学、科研训练、实践"三个支点"和科研先导、制度创新"两个保障"良性互动的人才培养管理框架，逐步形成以专业理论教学、科研训练和实战为导向的"三位一体"的人才培养管理模式，重点做好实践和学位论文实践环节培养管理。实践项目设置要注重创新性和实践性，优先选用善于激发学生创新兴趣、启发创新思维、锻炼动手能力的综合性实践项目。实践由基地公司负责，可在公司内部进行，也可在基地公司现场进行，提交实践报告，重点考核大学生对理论知识的运用能力和创新能力。

（2）导师管理：创新创业实践平台实行双导师制度。第一导师按学校指导教师管理办法和师生双向选择确认，第二导师在按学校专业学位导师遴选办法聘任的兼职领导中由基地公司根据各自专长确认。双导师按学校导师责任制和专业双导师制的暂行规定进行管理。学校可以在基地公司内聘任具有高级职称或博士学位的工程技术与管理人员作为学校的兼职领导，负责进入创新基地内学生的指导与培养，举办讲座、为其指导实践和学位论文等。

3. 合作机制

大学生创新创业实践平台按照"联合培养、优势互补、互惠互利、共同发展"的原则，专业学院和基地公司共享技术研发人力资源和实验室资源。基地公司可利用专业学院的实验平台资源，开展技术研究与测试分析；专业学院可利用基地公司的技术平台资源，开展调试工作。同时，双方的实验场地及实验设备对学生全面开放，持续推进优质教育、教学、实验室资源的共享，为大学生提供自主创新能力和工程实践能力培养的研究平台。

从目前我国大众化教育的就业形势来看，地方高校大学生创新创业能力培养存在的问题表明，延续以前单纯依靠经济增长实现扩大就业的方式是远远不够的。目前，从高校毕业生的就业指导工作开展情况出发，毕业生人数不断增多导致理想中的科学化"一对一"职业规划以及咨询辅导很难顺利实施。大部分院校在就业指导内容上相对单一，而且一般情况下都是以大范围政策宣讲以及讲座形式来进行指导，这种形式的就业帮扶以及职业发展辅导，从根本上来说是很难解决就业矛盾的。从某种程度上讲，创新教育以及创新创业教育的广泛开展可以有效解决上述问题。实质上，创新教育的核心在于积极培育大学生自身的开拓精神与创新精神，从而使大学生可以在相对激烈的就业竞争中脱颖而出。

第四节　大学生创新创业教育外部环境体系构建

一、大学生创新创业教育的制度环境

政治经济制度、生产力水平和民族文化传统等因素都与制度的建立、发展密切相关。首先，国家的政治与经济是制度的保障；其次，社会的生产力水平是创新创业制度发展与完善的根本；再次，高校相关的创新创业制度是实施的关键；最后，大学生是创新创业制度的源泉。因此，分析创新创业制度影响因素是建立创新创业制度的重要前提。由此可见，影响创新创业制度的因素有很多，包括创新创业指导制度有待完善，高校对大学生创新创业扶持力度不够，高校对创新创业缺乏有效激励和评价制度，缺乏浓厚的创新创业文化氛围，创新创业率低等。因此，在新常态下亟须构建一个完善的创新创业制度保障体系来激励、引导、扶持、管理和评价大学生创新创业。保障制度的构建，应从课程、环境、资金、师资、服务等方面入手。

（一）完善创新创业教育的政策保障

1. 加强大学生创新创业政策宣传

在我国，大学生创新创业政策处于起步阶段，各方面的准备工作有待完善，特别是新闻媒体等各种渠道没有发挥应有的作用。因为宣传力度不够，整个社会包括社会、学校、家长等各利益相关者，对大学生创新创业行为不是十分了解并且存在一些不认可，很多的创新创业都停留在创新创业意愿阶段而没有付诸实践。因此，要加强大学生创新创业政策的宣传，需要从新闻媒体和高校两个方面入手。

一是新闻媒体对创新创业政策的宣传。创新创业重在变化的思想，创新创业政策对创新创业的促进作用是巨大的，对经济发展的促进作用也是明显的。因此，国家大力倡导创建创新创业型国家、创新创业型社会。新闻媒体应该发挥舆论的导向作用，大力宣传大学生创新创业政策，引导大学生从事创新创业活动，体现舆论的时效性。

二是高校要加强创新创业政策的宣传。高校在进行创新创业教育的过程中应做好创新创业政策的宣传工作，使大学生在校学习阶段就对创新创业政策有初步的认识和了解。通过校园网、校园广播、校报、宣传栏等形式对大学生创新创业政策进行常识性普及，在学生聚集地（食堂、大学生活动中心等）设置宣传栏。邀请一些专业人士或者成功的企业家给大学生做创新创业指导，提供创新创业政策的咨询等，可以采用讲座、座谈的形式，也可以采用一对一的咨询等。各高校还可以组织促进大学生了解创新创业政策的比赛，从而使大学生加深对创新创业政策的理解，提升大学生创新创业的理念和能力。

2. 完善创新创业教育培训政策

首先，加强创新创业教育的师资队伍建设。为学校注入新的"血液"，引进人才，强化学校的师资力量，对现有的师资队伍进行培训，提高综合水平。可以通过外派学习、阶段性培训，培养创新创业型教师。相关政府部门应从上而下制定和完善对创新创业教育师资的培训，改善高校的教学模式。高校应更加关注加强培养高校教师的创新创业能力、创新意识，鼓励他们积极参与创新创业活动，到创新创业实践活动中去锻炼自身的创新创业能力，积累实践经验。高校应该以市场机制为导向不断优化高校的师资结构和师资体系，丰富高校的师资形式。在优化内部资源的同时，还可以实现小范围的人才流通，聘请校外导师，既能加强高校之间的联系，又能合理配置教师资源，达到最优。

其次，完善创新创业教育课程体系。课程体系是培养体系最核心的部分，完善创新创业教育课程体系，优化课程设置，是在创新创业教育过程中完善大学生的创新创业知识结构的关键，这也是当今世界高等教育改革的重点，也有助于课程设置从刚性向柔性的转变。学校要保留合理有效的课程、教材、教学方式，摒弃落伍的、陈旧的课程、教材和教学方式。

最后，重塑创新创业课程教学机制。改革创新创业课程教学机制是各大高校的必然选择，也是各大高校继续发展的唯一出路。第一，课程教学内容要创新。创新创业课程，涵盖各个方面的内容，是一门管理的艺术。创新创业课程要发挥与经济建设联系密切的特点，传播先进的知识、技术、方法。第二，教学形式要创新。创新创业课程教学可在学校、教室、工厂进行，把课堂从校内搬到校外。不仅课程内容和地点要多样性，授课方式也可以多样化，目的是让学生接受并且掌握知识，没必要过分要求教学形式和计划。第三，师生关系要创新。在创新创业教育中强调创新，教学相长是创新的体现。由于在创新创业中引入新的教学内容和教学方式，故师生的关系也是多种多样的，有师生关系、老板与员工的关系、投资人与创新创业者的关系、债权人与债务人的关系，创新创业教育中的师生关系也随创新创业教育的引进而发生改变。

（二）构建创新创业的师资队伍

构建创新创业的师资队伍，促使教师职工参与创新创业，能够使创新创业教育更好更快地发展。同时，能够更高效地整合高校其他教育资源。大学需要一批专业知识严谨、商业头脑敏锐、具备良好创新创业意识的教师，从而使课程设计与创新创业项目更符合教育发展规律。因此，构建一支具有企业家精神、包容差异的师资队伍，对于促进创新创业素质教育极为关键。

1. 大学生就业创新创业师资队伍建设现状

（1）师资队伍建设不足，结构优化不够。我国教育部门下发的文件规定，高校当年的毕业生就业工作的专职工作人员与毕业生的比例至少达到1：500。但是，几乎没有一所高校是按照此标准来配备就业指导工作人员的。当前，高校里主要是由专门从事学生工作的辅导员兼职担任就业指导工作，辅导员大多比较年轻，且学科背景差别很大，很容易导致就业指导工作中的人员专业水平不一致，就业指导师资队伍的结构组成不理想。由此可见，优化就业指导的师资队伍是当务之急。

（2）师资队伍人员不够专业化。2007年教育部办公厅印发《大学生职业发展与就业指导课程教学要求》之后，就业指导课程才被列入教学计划，因此高校重视发展就业指导工作的师资队伍建设的时间还很短，适合我国国情和高等教育规律的理论研究与实践成果稀少。但是就业指导服务工作专业性很强的，从事这样的工作的教师需掌握当前的就业政策信息、大学生职业生涯与发展规划、教育学、心理学、人类社会学以及人力资源管理等方面的专业知识。现在从事就业指导工作的教师队伍中很少有人具备这样的专业背景，再加上学校以前没有针对性地对就业指导教师进行培训，这支队伍流动较快、稳定性差，因而适应新形势下的就业指导工作的难度很大。

2. 大学生就业创新创业师资队伍的建设途径

（1）完善就业创新创业师资队伍的人事制度。要加强大学生的创新创业师资队伍建设，必须设立与其相匹配的人事制度，严格把关就业创新创业指导教师准入制度，坚持公平竞争机制等。严格制度的建立是确保创新创业师资队伍专业化和高素质的前提，要制定教学监督与考评体系，对优秀的教师给予表彰，鼓励创新创业指导教师对大学生的职业生涯与发展规划、就业指导、创新创业指导等方面进行理论与实践的创新研究。建立人事选拔制度及与考核相匹配的激励制度，促进大学生就业创新创业师资队伍的健康稳定发展。

（2）充分利用社会资源。大学生的就业创新创业指导工作不能仅依靠专职师资队伍，因为大学生群体过于庞大。高校完全可以邀请企业或事业单位中具有丰富职业规划经验的专家担任兼职指导教师，专家既有理论知识，又有与实践相结合的经验，可通过讲座和座谈会的方式，向学生讲解相关知识，让学生提前认知社会以及职业的需求，提高学生在校期间的学习兴趣。

（3）加大师资队伍的培训力度。在信息化时代，知识更新速度不断加快。研究报告显示，一个毕业生，无论是本科生还是研究生或博士生，走出校门2～4年内不及时学习补充新知识，其以前学到的知识将大打折扣。根据知识折旧定律，一年不学习，知识就会折旧80%。为此，高校迫切需要制订就业创新创业指导教师的培养方案，加大经费投入，促进培训工作的开展，组织就业创新创业指导教师参加校内外系统性的专业培训和相关学科知识的学习；也可以有针对性地设立就业创新创业指导方面的基金研究课题，以提高指导教师专业理论研究的积极性。

（4）着力打造创新创业指导师资队伍的专家化。大学生创新创业指导工作是一项任务艰巨并富有挑战性的工作，不进行理论和调查研究，显然不能对大学生创新创业工作进行深入的指导。若想成为该领域的指导专家，要有很强的学术研究能力。目前，国内从事大学生创新创业理论研究的人员比较少，更不用说是该领域的专家。因此，专门从事大学生创新创业指导的相关人员要抓住机遇，迎接挑战，加强和提高自身的科研和学术能力，借鉴国内外已有的研究理论，探索适合当代大学生发展的高校大学生创新创业指导理论体系，成为大学生创新创业指导领域的专家。总之，大学生的创新创业指导工作任务艰巨，责任重大。高校的大学生创新创业指导师资队伍是做好这一工作的中坚力量，也是学校培养学生质量的保证。因此，加强创新创业指导师资队伍的建设具有深远的意义，高校要高度重视，积极完善机制，营造良好的环境，促使队伍健康稳定发展。同时，从事这方面工作的指导教师要注重理论学习和实践，提高自身专业素质，增强综合能力，提高业务水平，在全面提高个人能力的同时，为大学生创新创业指导工作做出贡献。

（三）建设校园创新创业文化

我国还没形成良好的创新创业氛围，大部分人受安分守己、安定思想等传统文化观念的影响。高校创新创业文化建设大多停留在创新创业大赛这一层面，学校对于校园创新创业文化的建设力度仍然不够。高校必须充分发挥校园文化的作用，形成系统、完善的校园精神文化、学术文化、制度文化、行为文化和物质文化体系，营造更加浓厚的创新创业文化氛围和更具特色的创新创业文化环境，为大学生创新创业提供强有力的思想保证、精神动力和文化支持，在推进高校创新创业教育改革中不断前进。

1. 树立先进典型，促成大学生创新创业鲜活化

营造浓厚的文化氛围，鼓励学生开展高水平创新，从事高层次创新创业，引导"学优而创"。打造品牌学术活动和创新创业社团，举办高层次创新创业论坛，充分运用新媒体加强创新创业典型案例的宣传，分享创新创业典型人物在创新创业过程中的故事。通过校内媒体，把握正确的舆论导向，大力宣传在学校创新创业过程中的先进典型。充分利用各种传播媒介讨论大学生创新创业过程的热点问题，加强中央、地方两级政府对大学生创新创业扶持政策的引导和解读，对具有典型意义的人和事例开展学习和讨论，使校园创新创业文化建设沿着正确的方向前进，形成积极向上的创新创业校园文化。

2. 依托大学生创新创业基地实现大学生创新创业教育常态化

通过专业设置和学校人才培养方案的改革，大力开展创新创业素质课堂教育活动，培养大学生的创新创业能力，采用第一课堂与第二课堂相结合的方式，鼓励和支持学生参加各种社会实践活动，开展多种形式的创新创业教育讲座、创新创业竞赛及创新创业设计活动，改进学生评价机制，培养学生的批判性和创造性思维。

3. 融入校园文化建设，营造大学生创新创业环境

为学生提供一定的创新创业场所，如校园创新创业园等物质文化环境，实现大学生学业专长与创新创业设想的无缝对接。在物质文化建设方面，首先，高校应当加强大学生创新创业实践所需硬件设施的建设，为大学生创新创业提供硬

件方面的保障。其次，高校应当加强创新创业服务体系的建设，积极响应国家关于大学生创新创业的号召，组建专业化的学生创新创业指导服务团队，结合自身实际给予学生指导与支持。通过举办创新创业训练营、创新创业骨干培训班等活动积极开展互帮互助活动，实现个体间信息交换，讨论观点，互相学习，共同提高。增强创新创业师生的凝聚力，积极开展学习创优活动，增强校内创新创业内驱力，营造积极创新创业的浓厚氛围。

二、大学生创新创业教育的社会环境

（一）大学生创新创业面临的社会环境问题

1. 政府宏观管理有待加强

第一，创新创业扶持主体不完善。当前，政府和高校构成创新创业的主要扶持主体，但是代表着市场力量的金融资本和产业资本还没有被纳入创新创业扶持的主体范围，市场这只"看不见的手"还没有参与进来。第二，创新创业的社会风气需要树立和改善。毕业生热衷于报考公务员、进国企的现象，从侧面说明社会对创新创业认可程度低，创新创业社会环境差。第三，创新创业投资还属于地方政府、区域资本的行为，并没有建立统一的创新创业投资市场，创新创业投资产业化进程需要加快。

2. 创新创业教育缺陷有待弥补

第一，高校创新创业教育教材选用存在问题。注重西方商业理论，缺少中华商业文化教材；培养的学生具有一定管理企业的硬能力，但是缺少创新创业理想和素质等关乎我国创新创业哲学方面的软实力，这种"文化基因"的缺失，严重影响了创新创业教育的效果。第二，创新创业实训基地建设尚处于初级阶段。创新创业教育停留在培训技能阶段，不适应我国经济结构调整的新需求，千篇一律，缺少特色，培训基地建设体系不完整。第三，创新创业社团组织运行模式档次低、功能少、活力小，制约其发挥应有作用，必须认真解决。

3. 社会资本投入有待引进

首先，天使基金数量少，不能满足大学生创新创业需求，应鼓励更多社会成功人士、企业家设立天使基金，发挥其早期扶持的关键作用。其次，风险投资基金热衷于对孵化园中成熟企业进行投资，需要孵化资金的企业缺少或得不到资金成为普遍现象。此外，创新创业导师选择面窄，大多具有学术背景，具有实际创新创业和企业管理经验的较少，存在不能在时间、空间和干预力度上满足创新创业者需求的弊端。

（二）大学生创新创业社会环境的优化措施

1. 加强政策引导，完善扶持体系

（1）拓展扶持主体架构体系。现阶段，国务院、各级政府科技管理部门、政府人事行政部门、共青团组织和高等教育部门等构成大学生创新创业扶持的主体，政府和高教部门两大主体方面已经启动起来。但在政策落实环节起到融资作用的银行、基金、风险投资等方面还没有被纳入主体范围，起到实践指导作用的行业协会也没有被纳入主体范围。因此，大学生创新创业者在融资与咨询时，会因未被纳入主体的社会资本利益问题而产生许多问题，如银行贷款时手续烦琐、贷款发放拖延等；同时，会遇到缺乏针对性的指导、被视为新竞争者、被行业内企业敌视等问题。由此可见，必须把融资部门和行业协会纳入主体框架体系，同时，制定政策，理顺各利益攸关方的权益，有效提升社会资本扶持力度。

（2）优化创新创业投融资体系。现阶段，各类基金、银行和其他金融资本放贷意愿并不强烈，这是由于它们面临保本增值的任务。因此，当务之急是以国家信用和国家主权基金为后盾来引导社会金融资本和产业资本共同投资形成一个大学生创新创业投资市场，使其成为解决大学生创新创业融资问题最为有效的途径。通过优化大学生创新创业投资的市场化机制，建立高效投资股权转让和退出机制，形成创新创业投资的盈利模式，从而吸引更多的社会资本进入创新创业投资行业，做大创新创业投资的资金池。这样就能使更多的创新创业者得到投融资体系的支持和帮助，缓解创新创业融资之忧。

（3）做强创新创业文化体系。优化大学生创新创业社会环境的重要任务是

培养认同、支持和帮助大学生创新创业的社会文化。第一，政府应经常性地表彰大学生创新创业新星，推广风险投资经验，弘扬天使基金模范，树立高校培训榜样，培育实训基地模型，逐步形成一系列扶持创新创业的优秀理念，使创新创业文化浸润社会。第二，媒体利用自身资源优势打造我国的创新创业榜样，宣传创新创业精神，介绍商业模式，对创新创业成功者的人生观、事业观和价值观进行挖掘与传播，形成颂扬大学生创新创业的文化氛围。第三，社团组织可定期或不定期地举办大学生创新创业讲座和经验交流会，总结推广各种案例，传递大学生创新创业文化，推广成功经验。总之，社会联动，齐心协力，携手营造创新创业文化环境，必将强有力地激发大学生创新创业理想和热情，助力大学生创新创业成功。

2. 整合社会资本，革新指导方式

（1）扩大天使基金扶持力度。天使基金对于大学生创新创业孵化是至关重要的。但是现在，不管在数量还是资金规模上，天使基金还远远不能满足大学生创新创业的需求。因此，应当鼓励社会中富有且有爱心的人士以回报社会之心，从公益的角度设立更多的天使基金或从资金上支持天使基金，扶持种子企业有效孵化。据报道，现阶段天使基金的数量远少于风险（股权）投资的数量，这对于创新创业早期的扶持是远远不够的。天使基金给予了大学生创新创业成长的机会，更重要的是，天使基金与社会资本成立合资创新创业加速器公司和"接力基金"，利用创新创业加速器平台引进社会资金参与大学生创新创业项目的投资，扶持其加速成长，利用"接力基金"切实解决创新创业企业快速发育阶段所面临的资金及运营管理方面的问题。以上这些都说明，天使基金不仅在创新创业早期是不可或缺的，而且是实现整合社会资本的"酵母剂"。因此，应把天使基金规模做大、效益做佳。

（2）引导风险投资基金扶持早期创新创业企业。现在，风险投资基金中的绝大多数都在做股权投资，只选择成熟企业或即将成熟企业进行投资，其投资阶段、投资规模和投资理念向创新创业后期转变。这样虽然能够在短期内起到促进企业加速发展的作用，但是忽略了孵化器中优秀但弱小的创新创业企业，使其陷入无资可融的生存窘境。这是一个值得思考的问题。要改变这种现状，通过优化孵化器管理制度，引导风险投资回归创新创业投资本源是必需的。要使优化创新创业企业股权投资准入制度成为有效手段，在创新创业企业进入孵化园时就规定创新创业投资基金进入的时间段、估值水平和股权持有年限。对不符合条件的风险投资基金，实施抬高估值水平、增加股份锁定年限等举措；对符合创新创业早期介入的风险投资基金，给予降低估值水平、缩短锁定期限、定向融资优先权等优惠，提高其投资回报率。这样的倾斜政策，会引导风险投资早期介入，对解决创新创业企业融资难题是非常有效的。

（3）引入创新创业指导新方式。目前，旧的创新创业导师扶持模式已不能满足大学生创新创业的深层次需求。新的选择是实行教练式指导，聘请企业家作为"教练"，对大学生进行创新创业全过程"训练"。其优势主要在于系统性强，对从创新创业开始到创新创业成功的每个环节进行干预扶持，以"旁站式"指导消除扶持盲点；实行"医师式"扶持，聘请企业高管、行业专家对创新创业企业进行"手术式"治疗。

第四章 高校创新创业教育模式的构建

第一节 教育理念的更新和教育目标的调整

一、创业教育理念的更新

（一）全面发展是创业教育的方向要求

全面发展是马克思主义关于人的全面发展理论的主旨思想，理应成为创业教育的指导方针。大学生是一个完整的生命主体，是一个有多方面需求的个体。针对这一情况，创业教育要吸收专业教育和素质教育内容，确保大学生身体素质和心理素质的全面发展，物质生活和精神生活的全面发展，世界观、人生观、价值观的全面发展。高校应结合创业教育实际，在确保大学生积极应对职业需求、劳动变换、人员流动和工作受挫的前提下，重点培养大学生的创新能力和实践能力、创业意识和创业本领，完善创业知识结构，着力开发大学生的智商和情商。

（二）主体性发展是创业教育的本质要求

主体性发展是指人在与客体相互作用的过程中应具有的能动性发展。这种能动性发展主要表现在两个方面；一是人对自然、社会的认识、利用和改造方面，表现为人的主动性、自主性、选择性和创造性发展；二是人在自然和社会责任方面，表现为人的道德性、理智性和自觉性发展。在物质生活和精神生活都已极大改善的今天，大学生对自身主体性产生了极为迫切的诉求。创业教育就是把大学生培养成为社会实践能动的主体，尊重大学生的人格、主体地位和参与原则，最大限度地发展学生的道德性、主动性、自觉性和创造性，培养大学生对知识、问题主动思考的质疑态度和批判精神，并引导学生运用所学的知识，解决实际问题，使其了解和掌握创业规律和特点，有效提升创业主体所具备的综合素质。

（三）创新性发展是创业教育的特征要求

创新性发展是创业教育的时代命题、前进课题和现实问题，也是高校实现又好又快发展的一个前提条件。创新性发展源于创业教育多样的教育体系、教育机制和教育平台，主要体现在：第一，结合新经济增长的智力支撑特点，体现时代要求，体现中华民族伟大复兴对未来人才的要求，建立起教育紧紧沟通社会与经济的教学纽带，建立起人才从单一型向复合型、从职业型向社会型、从传承型向创新型、从从业型向创业型转换的培养渠道，丰富创新性发展体系；第二，结合学分制、休学制、转学制等弹性学制与创业教育配套的教育政策，解决好创业课程与创业实践、孵化基地与经济实体之间的关系，建立有利于创新创业人才脱颖而出的教育制度，开辟创新性发展机制；第三，结合学校产学研过程，利用社会课堂、视频教学、远程教育等诸多手段，扶植一批品牌创业项目，产生科技创新吸引力，以扶持意识和竞争意识形成创新原动力，搭建创新性发展平台。

（四）个性化发展是创业教育的内在要求

个性化发展不是德、智、体、美、劳诸方面均衡的发展。而是某一方面或几个方面的突出发展，个性化发展就是对人的才能及精神的拓展和解放，是对人的天赋、爱好、秉性及风格的拓展和解放。创业教育可以采取以下途径实现大学生的个性化发展。一是教学内容要充分体现前瞻性、开放性、实践性和实用性，涵盖策略、技巧、模式、方法和手段，教学形式要为大学生所欢迎，为大学生所接受。二是课程设计要紧紧结合社会需求和经济建设，凡是社会需求和经济建设中急需的新知识、新技术、新工艺和新方法，都应当被有效融入创业教育课程体系。三是创业课堂可以在教室，也可以在孵化基地，可以在企业，还可以在人才、劳务市场。授课教师要注重学生接受教育的过程和结果，不要拘泥于教学计划和形式。四是创业教育师生身份可以相互模拟转换。师生关系可以是师徒关系，可以是业主与雇工的关系，也可以是法人代表与员工的关系，还可以是债权人与债务人的关系。这些方法的采用和落实，能够极大地促进大学生个性化行为的生成。

（五）价值性发展是创业教育的目标要求

价值性发展的核心是社会价值发展和物质价值发展。就社会价值发展而言，创业教育应充分利用现代文明进步所赋予的一切教育手段来整合社会力量和资源，抢占马克思主义信仰教育和社会主义核心价值观教育的制高点，突出理论武装的重要地位，着力扩展创业教育的社会观、价值观和发展观，培育大学生全新的生存理念；就物质价值发展而言，创业教育应引导大学生把个人的命运同国家的命运紧密联系在一起，到祖国需要的地方去创业，到工农群众中去寻求发展，积极投入火热的社会实践中，努力成为创新型国家的建设者、物质财富的创造者、自我价值的实现者。

（六）和谐性发展是创业教育的理性要求

创业教育是创造事业的教育。成功的事业的标志包括理想道德的积极向上、精神生活的健康愉悦和自然社会的和谐统一。围绕创业教育的理性要求，和谐性发展包括以下三方面。一是理想道德的和谐发展。这一和谐发展要求大学生自觉把自己的理想设定在为社会主义服务和为人民服务上，自觉把自身道德放在社会主流价值观和社会主义核心价值观上。二是精神生活的和谐发展。这一和谐发展要求大学生在德与智、知识与能力、素质与职能、心理与生理方面和谐发展。精神生活的和谐发展是社会发展的基础和条件，也是大学生追求更高生活质量的基础和条件。三是自然社会的和谐发展。这一和谐发展构成了社会进步的重要力量，要求大学生接触自然，认识自然，了解社会，理解社会，实现从心理到思想再到行动上的真正融入。

二、教育目标的调整

我国传统的应试教育存在脱离社会、脱离实际的问题，例如，部分高校培养出来的学生不能满足社会发展对人才的需求，并且存在着专业设置过窄、人文教育不受重视（尤其是理工科院校）、教学内容陈旧、教学方法手段落后、教学模式单一等弊端。这样的教育体系对人的发展具有极强的约束性及对文化多元发展的窒息性，培养出来的人才保守，缺乏创新精神和创业能力，难以适应复杂多变的社会生活和难以预测的外部环境。

因此，高校要转变教育的观念，确立以创业素质教育为核心的教育观。学校教育不等于职前岗位培训，它是一个人走向社会的起点，而不是终点。高校要摒弃专业对口的静态就业观，确立就业就是不断创业的动态过程的人才观。对大学生进行创业教育，培养具有创新精神和创业能力的高素质人才是当前高校的重要任务。高校应改革传统的人才培养模式，变单一人才观为复合通用人才观。现代社会所青睐的人才不再是专业定向、意识定态、思维定式、技能定型的人，而是拥有多种证书，具备坚实专业基础、敢于独立创新等素质潜能的人。

传统的教育培养出的学生普遍存在着理论水平高、动手能力弱、创新意识淡薄等问题。这极不符合现代社会快速发展对人才的要求。现代的教育要适应现代社会的发展，就必须改变旧模式，确立全新的教育理念，关键要实现以下转变：由精英教育向大众教育转变；由培养专才向培养通才转变；由封闭教育向开放教育转变；由应试教育向素质教育转变等。

高等教育应该是一种理念教育、素质教育，它不仅仅传授专业知识和专业技能，更应该传播一种生存和创造理念，培养学生的生存素质和创业素质。过去，我国高等教育的培养目标比较强调学生对知识的掌握和技能的训练，强调人才对现实社会的被动适应，较少考虑如何充分发挥学生的主观能动性和创造潜能。这在劳动力供不应求的社会条件下，对维护社会的稳定、促进社会的发展是有益的。但是，一旦劳动力供过于求，其优越性就难以发挥了。在目前就业形势日趋严峻的情况下，高等教育要深化人才培养模式改革，着力提高学生的创新创业能力。

高校的各级领导要把大学生创业教育作为高等教育改革、提升办学质量的重要载体来抓,将之纳入年度和中长期的发展规划,进一步明确大学生创业教育的使命和地位;要进一步统一思想,在高校营造人人重视创业教育,人人贯彻、执行创业教育理念的良好氛围,凝聚起高校推广创业教育的合力。

高等教育质量工程的实施,要求转变教育思想观念,创新人才培养模式,为国家和社会培养高素质的创新型人才。高校应通过开展教育思想观念的研讨活动,重视、支持开展创业教育,认识到创业教育对学校事业建设发展的重要性和必要性,真正把创业教育提到学校事业发展的议事日程上来,摒弃不利于创业教育开展的"怕、等、瞧"等思想观念,由培养就业型人才向培养创业型人才转变,扎扎实实地把创业教育开展好,培养创新创业人才。

从某种意义上说,高校的创业教育是大学生创业能力培养机制构建的基础。大学生创业能力培养机制的形成,有赖于高校创业教育的实施。而高校创业教育的实施,首先要求高校转变教育理念。我国的高等教育一直以学科体系为中心,注重知识的系统灌输,高等教育的培养目标主要是培养适应我国社会经济发展所需的就业者。随着终身教育理念的广泛传播及世界范围内的劳动力就业市场的不断变化,终身性职业时代已成为过去式,科技发展对人力的替代作用使更多的受过高等教育的人难以成功就业。因而,我国高校应积极引入创业教育的理念,从教学目标到教学内容都应跳出学科体系的樊篱,在进行系统的专业知识传授的同时更应注重对学生实践能力及创新能力的培养。高校应通过有效的教育使学生具备敢于创造、不畏艰难、把握机会、勇于创业的品质及实践操作技能;通过有效的创业知识讲授及技能培养使学生具备自我发掘商机及就业机会的能力,从而更好地适应社会职业环境的变化,从"就业者"转变为"创业者"。要转变学生的就业观念,高校就要做到"三破三立",即破除学生等待安置的旧观念,使学生树立自主创业的新观念;破除学生一业而终的旧观念,使学生树立从事多职的新观念;破除学生安于现状的旧观念,使学生树立开拓进取的新观念。另外,要让学生认识到创业是实现远大理想、开创辉煌人生的一条重要途径,是社会进步和发展的需要。

创业教育从根本上讲是一种创新教育,注重创业精神和创业能力的培养。

创业教育不只是教育内容的更新、教育方法和手段的变革，而且是教育功能的重新定位，因而是具有全局性、结构性的教育改革和发展，是教育领域里一种全新的价值追求。创业教育的实质是在挖掘人类的最高本质的基础上，把创造力的开发作为根本功能的一种全新教育理念和教育行为。

第二节　创业教育组织的完善

目前，大学生创业教育尚未真正进入绝大多数高校决策者的日常工作视野，开展创业教育的氛围也尚未形成。在我国绝大多数高校中，大学生创业教育仍然归团委或者就业指导中心管理。大学生创业教育尚未被真正纳入高校办学的核心指标体系，实现与学科建设、专业设置、教材改革、教学模式改革、教学评价体系的联结与互动，缺乏专门的创业教育管理机构。

美国高校的创业教育组织机构形式是多种多样的，除了创业教育中心、创业研究中心、创业中心，还有创业家学会、智囊团、创业研究会等。创业教育中心主要负责开设创业教学课程、制订教学计划。创业家学会一般由比较杰出的企业家组成，例如，百森商学院的创业家学会的成员还包括麦当劳的总裁、数字化设备公司的总裁等人。让这些企业家分享他们创业的经验，可以激发学生的创业热情。智囊团也是美国创业教育中一个很重要的组织，一般由公司的董事长和首席执行官组成，每年定期举行两次会议，可以起到咨询与加强外部联系的作用。

基于我国目前创业教育组织现状，我国高校可以借鉴和参考美国高校的创业教育组织形式来完善创业教育组织。

一、成立高校创业教育领导小组

高校明确了创业教育思想后，要建立健全大学生创业教育的保障机制，进一步加强对大学生创业教育的组织领导，要建立有力的创业教育领导组织体系，确保创业教育落到实处。高校应成立由学校党政领导、督学、有关职能部门及各教学单位负责人组成的全校创业教育领导小组，负责领导、协调全校创业教育工作，对推进创业教育中牵涉全局的规划、政策、表彰等重大事宜负有决策权力，负责对全校创业教育工作和下级创业教育组织或团体进行宏观管理和监控，为大学生创业教育提供强有力的组织保障。创业教育领导班子应结合学校自身的定位和未来发展的战略取向，优化创业教育的政策环境，将学校人才培养目标定位为"创新＋创业"；通过狠抓培训、服务、激励等各个环节，强化大学生创业意识，提高大学生创业能力；搭建大学生创业平台，支持大学生创业活动；培育大学生创业典型，丰富大学生创业文化。

二、成立创业与创业教育研究中心

高校也应成立创业与创业教育研究中心，建立一支稳定的创业教学科研教师队伍。一个创业与创业教育研究中心可以由专职教师与兼职教师组成。高校应根据教学需要确定教师的数量。比如，百森商学院有 8 名全职创业教师，还有 4 名助理教师和 5 名全职职员；贝勒大学有 4 名全职创业教师，还有 2 名助理教师、5 名全职职员、2 名创业研究员。创业教育与创业研究中心是负责开设创业教学课程、制订教学计划、进行创业与创业教育的学术研究机构，负责组织申报各类创业与创业教育研究课题，定期组织召开创业与创业教育学术研究会议，创办创业学专业期刊，并积极组织开展创业与创业教育论坛活动，为创业和创业教育的理论研究和交流提供园地。

三、成立大学生创业指导服务中心

高校大学生创业指导服务中心是高校促进校企文化结合、扶持大学生创业的机构，负责宣传大学生创业政策和信息、普及创业教育、开展创业指导和专题讲座、推广成功创业者的经验，以及创业社团的管理工作。

大学生创业指导服务中心是推动创业教育发展的一个重要机构。首先，它负责对学生进行创业指导，开展以实际案例为主的创业知识教学，或对咨询的学生进行个别指导，从而帮助学生解决其在创业过程中遇到的诸如融资、财务管理、知识产权的评估、资本运作、收购兼并等方面的问题，并创立创业网站，扩大受益面。其次，对学生进行创业能力训练。它利用校办企业或创业基地开展训练，通过制订创业计划、创建公司、获取创业资源、制定企业战略等实训主题，组织以学生自身体验为主的活动，或者以模拟仿真为主的实战训练。再次，将学生直接引入创业的环境。为学生提供与成功企业家、政府官员、风险投资人、知识产权律师直接对话的机会，为学生牵线搭桥，依托企业实施创业。最后，大学生创业指导服务中心还负责与社会建立广泛的外部联系网络，包括各种孵化器和科技园、风险投资机构、创业培训机构、创业资质评定机构、中小企业开发中心、创业者校友联合会、创业者协会等，形成一个高校、社区、企业良性互动式发展的创业教育生态系统。

第三节　高校创业人才培养模式的改革

一、重视引进和培养创业教育师资

高校可以引进创业型人才，如企业家、管理者、投资家等，作为兼职教师，充实教师队伍，让其对本校的创业教育加以指导，与其开展交流与合作，使学生更快、更好地接触到最新的经济管理的理论和方法，激发学生的创新欲望、提高其创新能力，增加学生直接经验，使其以后在社会上创业时少走弯路。美国百森商学院开展的"创业师资研习班"被认为是在创业教学领域的代表。据了解，该项目要求每位教授都必须带一位有志于从事创业教育的企业家来参加。因此，通过与一些企业单位建立合作关系，把创业者和各类社会创业资源引入高校，以实战企业家的授课或讲座等形式，让学生更深刻地理解和感受创业精神、责任心、创业激情等是很有必要的。只有这种多元化的师资队伍才能为创业教育的实施提供保障。

（一）组建从事创业与创业教育研究的教师队伍

高校要建立专职进行创业与创业教育研究的教师队伍，以加强对创业与创业教育理论的研究。这支教师队伍应研究高校创业教育现状、存在的问题及对策；探求高校创业教育发展规律及趋势；为高校创业教育教学改革、学科发展和更好地实施创业教育提供具有科学性、前瞻性和开创性的理论根据；研究求职者就业规律和自主创业规律，研究就业形势和就业创业政策，研究就业创业方法、技巧；研究创业者素质结构及整理成功创业者的案例，尽快形成创业教育科学理论体系，编撰出科学、实用的创业教育教材。

（二）组建承担创业教育课程教学任务的教师队伍

高校创业教育的推进离不开课程教学。这就需要建立一支创业教育教学教师队伍。它应由经济管理类专家、工程技术类专家、政府经济部门专家、成功企业家、孵化器的管理专家和风险投资家等人员构成。

（三）组建指导学生创业实践的教师队伍

创业实践是推进创业教育的重要载体。建立指导学生创业实践的教师队伍就是建立"创业导师"队伍，以便为学生创业提供技能和经验方面的支持，指导学生的创业实践。

二、加强师资培训，提高教师素质

创业教育离不开高素质的师资队伍。因此，高校必须把选拔与培养创业教育的优质师资提到议事日程上来。创业教育首先对教师提出了新的要求，要求教师具备一定的创业经验或体验、创业知识和创业技能。加强创业教育师资培训、大力提升教师的创业教育素质是推进创业教育向深层次发展的核心。高校要注重培养教师的创新意识、实践能力，组织他们深入研究增强学生创业意识、提升其创业能力的方法及途径，使师资队伍从目前的知识型、传授型向智能型、创新型、全面型转变。为了达到这个目标，一方面，高校应鼓励和选派教师走进企业进行实践，或自主创办企业，提高其理论与实践相结合的水平、教学与实务相结合的水平，从而提升教师创业教育能力。很多美国大学商学院的教授都曾有过创业的经历，并担任过或仍在担任企业的外部董事。这使他们对创业领域的实践、发展趋势及社会需求变化有良好的洞察力。另一方面，要积极开展丰富多彩的创新创业实践活动，加强国际国内创新创业领域的学术交流、研讨和科学研究，努力培养和造就一支高水平的创业教育师资队伍。与此同时，要对教师进行系统的专门化培训，使之学习和掌握有关创业教育的教学知识；定期、不定期地举办案例示范教学或研讨会，推动创业教育经验交流，从而有效地提高教师创业教育水平。

三、加强师资队伍管理模式的动力机制建设

高校应加强教师职业道德教育，增强教师对创业教育工作的积极性和责任感。要组织各种教师培训活动，宣传创业教育对于大学生成才的重要意义，培养教师从事创业工作的责任意识。充分利用广播、网络、院报、橱窗、横幅、宣传栏等多种工具，营造就业指导氛围，从而加强全校师生对创业教育的认同感，增强教师工作的荣誉感。校领导应积极参与创业教育工作，调动教师们的工作热情。也要根据创业教育的特点和相关规定，将专题讲座、指导学生创业实践、参与创业咨询等工作折算成教学工作量；同时，在绩效评估方面，要明确教学质量管理组织结构，制定主要教学环节质量标准和教学管理制度，完善教学质量反馈信息处理系统和教学质量保障体系分析系统，建立人才培养质量控制模型。

应倡导教师把教学水平和创业实践水平联系起来，以充分发挥教师在大学生创业能力培养机制中的主导作用和指导作用。加强对教师的创业教育能力的考查，把学术能力与创业教育能力结合起来进行教学评价，杜绝"纯学术学者"，使师资队伍从目前的知识型、传授型向智能型、创新型、全面型转化。

四、积极探索适合创业教育的教学方法和手段

在创业教育的教学过程中，高校应摒弃教师中心、教材中心和课堂中心的传统教学观，把自主性学习和探究性学习结合起来，推动创新型人才的培养。构建自主、研究和探索性学习的平台，不仅要求更新教学内容，而且要求创新教学方式、方法、手段等。

高校在创业教育的课程组织形式上，可以采用管理对抗赛、案例研讨、专

题文献阅读、创业成功人士与教师课程讲授等形式；在课程设计上，应避免学术性僵化的弊端，强调课程的灵活性和可操作性，不宜使课程结构过分结构化，要让学生在不确定的环境下，分析环境变化的趋势和问题存在的原因，并提出与环境协调发展的最佳解决方案。

另外，在创业教育教学和手段上，高校除了把传统灌输式的教学方法转变为启发式、讨论式、研究式的教学方法，更要探索能够充分调动学生参与的、有利于激发其创新欲望的教学方法。在这方面，可以借鉴大学生 KAB 创业教育（中国）项目的教学方法。创业教育课程实行小班授课制，采用全新的互动教学方式，包括理论知识讲授、游戏、演示、举办讲座、咨询、参观等。在授课期间，高校邀请企业家和创业者开设讲座，并组织学生深入企业参观了解企业的运作模式等。该课程突出以学生为中心的教学思想，体现出重视学生参与的特点，以鼓励、引导学生主动思考、亲身体验为主，采用学生自我测试、课堂演示、小组活动、案例分析、头脑风暴、嘉宾访谈、商业游戏等多种形式，提升学生的实践效果。

总之，创业教学强调创业精神的培养。创业精神的培养则重视发散性思维的拓展。而思想碰撞就是拓展发散性思维的捷径。在创业教育中，营造学术研讨会这样的课堂环境和氛围，适当抛出有价值的议题，鼓励学生勇敢发言，进行辩论，有助于学生间的思想碰撞，也有助于增强其自信心。

五、丰富创业课程考核形式，创新评价机制

在评价机制上，高校要创新传统的单一的闭卷考试方式，建立多样和灵活的评价机制，采取笔试、口试、实操等方式，以提交的企业调查报告、创业计划书、商业策划书等作为评价内容，让学生、教师、专家、企业界人士进行考评，成立专门的考试考查管理机构，对学生的创业综合能力进行客观全面评价。创业教育的考试考核应当既考理论又考实践，且应以实践为主；既有口试又有笔试，也有专业以口试为主。高校无论采取何种考核的形式，都要以职业技能和能力标准为依据，制定严格的考核制度，积极推行职业证书制，把实践考核与职业技能鉴定有机地结合起来，为学生毕业后创业奠定良好的技能基础。只有这样，才能

为学生创造更宽松、自主、开放的创业教育空间。

另外，高校还应建立科学有效的评价机制来检验创业教育效果。一方面可以对创业教育本身进行客观评价；另一方面也可以通过评价信息的反馈情况来改进和优化创业教育。传统的教育评价是通过考试这一手段来实施的，它的评价重点为学生对知识的记忆，而创业教育要求在评价时侧重于知识的应用。目前的考试形式显然不能满足创业教育的评价需要。因此，在创业教育过程中，积极推行以大学生的创业素质为测评重点内容的评价机制是培养创业型人才、引导创业教育向健康方向发展的重要举措。以大学生创业素质为测评重点内容的评价机制是以学生运用已有知识解决问题的能力为评价对象，以所创的"业绩"为指标构成的测评机制。它的测评考核方法既包括书面的考核，又包括对学生实践操作能力的检验。首先，书面的考核可以借鉴目前公务员考试中的"行政职业能力测验"，应着重考查影响广泛的、稳定的、潜在的能力，而非死记硬背的知识；其次，对实践动手能力的检验，可以通过评定学生创业方案的设计水平、创业计划的实施效果等方式来进行。再次，把书面考核与实践检验综合起来，对创业教育效果进行综合评价。最后，将学生创业教育的评价结果划分为不同的层次，并以颁发"大学生创业素质证书"的形式加以肯定。以大学生的创业素质为测评重点内容的评价机制，将对完善人才的知识和能力结构的评价体系起到重要的作用，成为评价创业教育与教学是否适应经济、社会及市场发展的重要尺度。

六、实行创业教育的弹性学习制度

高校应积极探索创业教育的弹性学习制度，强调学习者的中心地位，体现学生自主进行学习的特点。弹性学习制度允许学生在学习期间休学、转学、停学；允许其提前修满学分，允许符合毕业条件的学生提前毕业；对不能在规定的学制年限内按要求修满学分的学生，可以推迟其毕业。这样学生可以根据自身实际情况去创业、就业，分阶段地完成学业。弹性学习制度尤其适合有创业愿望的学生边学边实践，有助于他们探索创业新路。

国家社会劳动和就业保障部颁发的国家职业资格证书对于大学生就业与创业有很大的帮助。在创业教育中，积极推行大学生职业资格证书制度，实行学历证书与职业资格证书并重制度是培养创新创业人才的重要举措。高校应鼓励大学生报考职业资格证书考试，并根据学生的需要举办各种培训班。大学生可以报考的国家职业资格证书有营销师、物流师、企业培训师、企业信息管理师、心理咨询师职业资格证书等。高校还可以根据自身优势申报和设立各类国家职业技能鉴定所，为学生毕业后顺利走入社会和被社会承认创造条件。

七、创设良好的创业教育环境

良好的创业教育环境是创业教育顺利实施的保障，对师生的影响是深刻的、潜移默化的。因此，首先，高校要创设一种浓厚的、宽松的教学环境，以有利于学生个性的良好发展，要在精神上和舆论上将创业教育上升到为社会创造财富、为社会分忧的高度，让创业成功者成为新时代大学生心目中的榜样。其次，从教育者的角度出发，高校要对教师的科研和创业辅导工作予以支持，在经费上予以保障，以科研促教学、以创新促创业。再次，从受教育者的角度出发，要为在校生的创业努力提供多方面的支持，创造条件，设立创业基金，创办创业协会等组织机构，在资金和咨询辅导上提供帮助。最后，要调动学校师生员工参与创业实践的积极性。党政工团应齐抓共管，共同创造良好的创业教育环境。

要顺利实施创业教育，高校还必须营造一种鼓励和支持大学生创业的教育实践氛围。开展创业教育理论学习讨论，创办学生创业刊物、创业教育网站，设立"创业者日""杰出创业家日"，经常组织学生参加诸如去企业进行考察的社会实践活动，重视学生的创业体验，使学生改变传统的就业观念，消除其对创业的畏惧心理，使其树立以创业为荣、主动创业的观念，激励他们在创业中去努力实现自己的人生价值。

高校通过各种鼓励创业的政策创造一种容许失败、推崇创业、鼓励冒险的宽松自由环境，将极大地激发师生的创新精神和创业欲望，使创办自己的公司成为高校师生的一个奋斗目标。在这种政策激励下，教授和学生积极投入创业的第一线，院校出现了一大批创业家和层出不穷的创业人才。高校将在潜移默化中形成一种崇尚创新、崇尚创业的良好风气。这种良好风气会逐渐渗透到校园的每个角落，成为一种校园文化。

第四节 经济新常态视域下的大学生创新创业教育

当前，在经济新常态的形势下，无论是支撑经济发展的内在条件，还是影响经济环境的外部因素都不同以往，经济新常态的提出，给我国经济的可持续发展指明了方向，明确指出经济增长速度要"换挡"。所以，当代大学生应随着形势变化，主动适应新常态，调整各自的认识和行动，使当前的就业困境变成就业机遇，争取抓住新的机会，实现新的发展。因此，应从教育入手，揭开经济新常态背景下大学生创新创业教育的新局面，这成为当前教育的重中之重。

不仅如此，创新创业教育还可以对经济增长起到助推器的作用，在此过程中，最大限度地减少由于经济结构的调整和改革给社会及人民带来的阵痛。只有加强创新创业教育，才能减少大学生创业者在创业过程中遇到的阻力，减少创业风险，增加创业成功率，进而使新常态经济的浪潮往前推进。综上所述，经济新常态加快了创新创业教育的进程。在经济新常态的大背景下，要求创新创业教育在不断运作过程中，朝着更加复杂、有序、形态更高级的方式转变，促使大学生创业者为社会提供更多的就业机会，促进就业，刺激消费，增加需求，促使知识和科技转变为新兴生产力，进而服务经济增长，使经济朝着新颖、多元化、健康的方向增长。

一、经济新常态视域下大学生创新创业教育的重点

（一）教育工作者的教育思想应与时俱进

在经济发展新常态的背景下，高校大学生创新创业教育实践应准确找到侧重点，这是确保大学生创新创业教育适应时代发展的关键。其间，教育工作者的教育思想要与时俱进，因为教育工作者若思想过于守旧，势必会造成教育工作跟不上时代发展形势，创新创业型人才培养不能与时代发展所提的要求同步，这样创新创业型人才也很难立足于当今乃至未来社会。为此，教育工作者的教育思想

要始终保持与时俱进。

（二）教育的育人模式应不断更新

我国社会经济已经处于稳步增长阶段，一系列的新兴产业涌现出来，并且发展之势极为迅猛。大学生创新创业教育应立足时代发展大趋势，与创业型企业保持多方合作，方可确保创新创业型人才的培养质量。在此期间，走校企联合发展之路已是必然，围绕这一发展道路创建育人模式已是迫在眉睫，这也是经济新常态下大学生创新创业教育实践的侧重点之一。

（三）教育的保障条件应充足

任何一项教育教学工作的全面开展，都需要强有力的保障，完善其保障条件是至关重要的一环。创新创业教育要围绕学生创新创业能力、意识、精神三个方面展开教育活动，哪一方面存在短板都会导致人才不能适应社会发展的后果，而保障条件就是要避免出现创新创业教育短板。为此，大学生创新创业教育的保障条件要充足。

二、经济新常态视域下大学生创新创业教育的路径

创新创业是具有较高环境敏感度的社会行为，成功的创新创业需要结构完整、功能完善的创新创业教育生态系统做保障。

（一）高校落实大学生创新创业教育

高校作为创新创业教育生态系统的主体，是整个教育生态系统建设的核心，也是资源枢纽的核心，更是大学生获得创业知识、创业技能，培养创业意识的主阵地。因此，首先，高校应培养大学生创新创业理念；其次，完善创新创业教育课程体系设置；最后，无论是创新创业理念的培养还是课程体系设置都需要教师作为中介来传授知识，高校应全面扩大师资队伍，加强其创新创业专业性的培养。

1. 培养大学生创新创业的基本理念

培养大学生创新创业基本理念是一个十分重要但容易被人们忽视的话题，

因为表面看起来这项工作与具体的创新创业活动无关。然而，如果一个创业者不具备创新思维、意志不坚定、创业意识混乱、创业观不正，即便在经济上取得成功，也不一定会回馈社会，这样，就很难说是创新创业教育的成功。因此，培养大学生创新创业理念不容忽视。

2. 创新思维

在创新创业活动中，创新思维是唯一一个永远处于"活动状态"的、复杂的、纵横交错的信息加工活动，是创新创业实践的重要条件。创新思维是萌生创新创业想法的脑力活动，决定了它的发展轨道。创新思维包括对新事物的好奇心、对知识的求知欲、独立的人格、果敢的判断力、敢于质疑权威的精神，其中好奇心和人格是重点，在创新创业活动中起着决定性作用。

3. 创新创业理想

创新创业教育和理想有着紧密的联系。虽然创新创业教育目标立足于现实，是通过分析现实中的种种可能性而作出的规划，但创新创业教育工作计划表现为一个环环相扣的目标链，其要达到的目标之一就是要帮助大学生树立正确的理想。因此，支撑创新创业最终目标和工作计划顺利实现的关键因素之一就是大学生工作中的理想和境界。

通过理想培育，可以将大学生产生创新创业的想法转化为自觉、明晰和稳定的信念，使学生由自发的理想主义者变成自觉的创业者，使空谈、幻想变成切合实际的、科学的创新创业理想，使一时的冲动变成坚定的信念，将种种心理障碍转化为理智支配的执着追求。

4. 创新创业人性观

古典创业学认为，人是经济运动和物质利益的主体，即创新创业活动中的人是经济化了的"经济人"，创新创业就在于如何通过合理的组织计划活动或最经济省时的操作程序谋求最大的经济效益。然而，社会人理论却不这么认为，它认为决定工人积极性和提高生产率的主要因素是工人的意愿、情绪、受尊重信任和民主参与意识等。

作为雇主的大学生要做具有多种需要、多种个性、存在于复杂人际关系当中并富有主动创造性和反抗性的"社会人"。因为创新创业最终是为了人，创新创业实践活动是否有意义，最终还要看是否有利于人的完善和发展。所以，要搞好创新创业，关键在于管好人，而要管好人，又必须深入了解人的心理活动和行为规律，激励他们的自觉性和创造性。

5. 创业效益观

效益既包括客观存在的效率或经济效果，也包括人们按一定价值观对效率或效果的主观评价。

第一，评价某一创新创业实践活动是否有益，不能凭借个人感觉或者以少数人利益为标准，而应按照"集体主义"原则，以造福多数人、造福集体为准。如果某一创新创业实践活动仅对少数人有利而对多数人有害，这就叫有效率而无效益，反之，只有对绝大部分人有益的才可称为有效益。

第二，评价某一创新创业实践活动的效率是否有益，不能单从经济效益出发，还应考虑它的社会效益、道德效益和精神效益。经济效益能够满足人们的物质欲望，但人们除了这种基本的需要，还有社会的、伦理的、精神的各种高层需要。如果某项创新创业使人们物欲横流、道德沦丧、精神生活极度空虚，就不能被认为有社会效益。换言之，判断一个组织的创新创业实践活动是否有益，不仅要看它的效果是否有益于人们的生理健康，还要看它是否有利于人们的心理健康；不仅要考察人们的物质财富是否增加，还要看人们的道德水平、文化修养、社会责任感是否提高。高校应结合社会问题，最好能在解决社会矛盾的基础上发展创新创业教育事业。

第三，判断创新创业的效益不能只看眼前利益，还应考虑到未来利益，这是因为地球上的资源有限，人们对其的开发利用不能只顾眼前，掠夺式的开发和只注重短期行为的创业方式，所得的只是高效益，而对于将来的社会和人类的发展却是一种伤害。因此，大学生创新创业事业须在"可持续发展战略"的基础上进行。

（二）完善大学生创新创业教育课程体系构建

在经济新常态视域下，"创新创业教育"是现阶段教育的重点工程，下面将从显性课程和隐性课程两个角度出发进行对策研究。显性课程（第一课堂）也叫正规课程，指正式列入学校教学计划，为实现规定教育内容而设置的课程。隐性课程（第二课堂）是国家未明文规定、非正式的学习课程。在显性课程中，专门为创新创业教育而设计的课程被称为本位课程，在已开设的课程中融入创新创业教育相关内容的课程被称为融渗课程。

1. 显性课程设计

创新创业教育的显性课程包括本位课程和融渗课程，中本位课程有必修课程、选修课程和辅修课程，是以培养大学生创新创业能力为目的的；融渗课程是渗透在思想政治教育、专业教育中或与公共课结合的课程。显性课程教学需注意三点，首先，必须设计适合学生的课程内容，减少过多的理论知识灌输。宜采用案例研究法，在案例的选择方面，要与时俱进，贴合学生的生活；其次，注重创新创业教育的实践性。创新创业教育虽属于"教育"，但不是让学生停留在学术阶段，其最终目的是实践，在坚持实践导向的过程中，以提升学生的创新创业素质和意识为重点；最后，兼顾广泛性和专注性。创新创业教育涉及多方面知识，包括金融知识、心理学、人际交往、社会工作等多个方面。

（1）本位课程设计。在高校，必修课程是主战场，注重基础教学，选修课程是重要补充，重点考虑特色性的教学，辅修课程则考虑提升性的教学内容。

必修课程：高校必修课可分为三大模块：第一模块是通识知识内容；第二模块是创新创业教育的技能内容，具体包括创新创业过程中的机会把握、评估风险和整合资源能力提升、创新创业中人际关系处理提升、舆论导向及权利依附能力提升；第三模块是创新创业实训体验类内容，包括团队组建训练，结合情景体验创建方案。

选修课程：选修课程是根据学生的实际需求、个人兴趣等而设置的选择性更大，更灵活的课程，有助于提升学生知识的宽度和深度，且由于其课程设置更为灵活、教学方法多样，往往能够对必修课程起到辅助和提高的作用。选修课程主要针对已经参加过创新创业教育通识类课程学习的学生，且该课程目的在于进一步提高学生创新创业的意识和能力，因此，其内容与必修课程内容紧密相连，但宽度和深度都高于必修课程。高校创新创业教育课程相对必修课而言：

①内容更加具体，主题更加深入。其全部课程都将围绕必修课程的某一章节深入探讨，对某个特定知识提出意见和提高能力。②更加注重学生的主体性。选修课程为了实施更有针对性的分类分层施教，比必修课程更加尊重学生的主体性，选择性较多，更加灵活多变，契合学生的兴趣诉求，避免了盲目开设课程所导致的低效率问题。③更加强调教学资源共享，如积极探索"慕课"教学形式，建设创新创业综合信息自主平台，使创新创业教育选修课程在网络上呈现，利用网络资源共享性和开放性实现教育资源的高效配置。

辅修课程：高校创新创业教育的辅修课程是针对学习成绩优秀、学有余力且对创新创业具有浓厚兴趣的学生开放的专业课程，更加强调深入研究理论和进行系统的实践训练。辅修课程主要分为两大类，理论类和实践类课程，其中理论类课程包括创新创业驱动因素理论、创新创业者人格特质理论、创业博弈论、创新创业价值理论相关课程。实践类课程包括创新创业过程分析及案例研究、团队管理、战略联盟构建、社会舆论引导等有助于大学生创新创业实践能力提升的内容。

（2）融渗课程设计。高校创新创业融合渗透课程是指将创新创业意识、精神、知识、技能等育人内容融入渗透至专业课、公共课中，通过培养意识、教授创新创业教育相关知识和润物细无声的方法影响学生，是高校创新创业教育必修课程、选修课程、辅修课程类本位课程的重要补充。因此，要发挥好融渗课程在创新创业教育中的优势，打破专业壁垒，培养宽口径、厚基础的"专业＋特色"的复合型、应用型人才。首先，在日常的专业课授课和公共课教育的课程中，教师要对创新创业教育相关知识有一个基本的认识，融渗课程对于学生来说是在毫不知情的情况下发生的，但教师却是在专业课授课的时候，有意识、有目的地进行春风化雨般的传授，教师根据当时的授课内容，介绍与之相关联的创新创业知识；其次，要让创新创业教师和其他专业教师共同学习，共同挖掘专业课与创新创业课程的结合点，以及所涉及领域的相关案例等，提升创新创业教育融渗课程教师的专业化水平；最后，采取专业课教师为主导、学生为主体的授课战略，注重对创新创业的启发式教育，引发学生主动学习创新创业知识的兴趣，变被动接受为主动学习。

2. 隐性课程设计

隐性课程是未被纳入教育大纲的学习课程，是通过实践活动和氛围培养学生的学习意识，其拥有载体更加多元化和学习过程愉悦两个特点。此外，高校创新创业教育隐性课程应包括以下四个体系。

（1）兴趣社团体系。高校创新创业教育兴趣社团是以创新创业教育的学术背景为依托，学生根据其兴趣特点、发展规划等诉求自发成立的社团组织。兴趣社团也是带动校园创新创业氛围的地带，同样包括理论类创新创业社团和实践类创新创业社团。理论类创新创业社团的活动包括中国创新创业发展史、国内外研究前沿、创新创业相关知识的交流与学习；实践类创新创业社团的活动包括创新创业教育的技能与训练，专注于价值理念、管理运作和通识技能的提升。

（2）课外研学体系。课外研学体系就是在显性课堂之外，学生自发学习创新创业相关知识、训练实践技能的平台载体，学校并不直接参与学生学习的过程，而是起到引导和支持的作用。该体系更为注重创新创业知识的培养与训练，与显性课程相连，深化了显性课程中所学的知识。

（3）课外训练体系。课外训练体系是以书写创新创业计划书、开设创新创业系列讲座、开展创新创业模拟培训为主要内容。其中创新创业计划书将会由任课老师指导；创新创业系列讲座以成功企业家讲述创新创业成功路为主，让学生真正感受创业氛围；模拟培训则是在全面模拟企业制度的基础上进行的线上活动，利用模拟软件仿真平台，让学生进行创新创业实战演练。

（4）实践竞赛体系。创新创业实践竞赛体系在于使学生注重知、情、意等方面，全身心投入，让学生体验所学知识的情境，将所学知识融会贯通。从流程来看，实践竞赛体系包括模拟场域及主题设定、参赛团队组建、计划方案撰写、方案评审答辩、育人效果评估五个环节，其中计划方案是前提，包括问题挖掘、机会识别、目标选定、理论框架搭建、创新创业各个阶段的策略分析、风险评估及资源整合等环节；育人效果评估是实践竞赛体系可持续发展的重要基础，重点考查学生在参赛过程中对创业知识及技能的应用情况。

（三）政府引导大学生创新创业教育

政府投入是创新创业活动的政策环境，且是创新创业活动重要的环境因素、教育资源。它为创业活动提供直接的人力、物力和财力的支持，虽然它不直接介入创新创业活动本身，但在一定程度上决定了创新创业活动的成败。

1. 改进创新创业的政策监督机制

在经济新常态背景下，为了使大学生创新创业政策协同，落地生根，政府需要实行创新创业教育政策体系监督机制，因此，可从以下几个方面考量：

（1）强化监督主体内部机构的监督职能。专门从事创新创业政策制定的内部领导者，各省市及地方的政府机关、执政人员等构成了创新创业政策监督主体。其中承担主要责任的是专门从事创新创业政策制定的内部领导者，应该加强其监督领导力，强化责任，划分范围，细化流程，督促创新创业政策有效落实。

（2）加强社会舆论和大众参与的监督。创新创业政策实施到哪一步，实施的成效如何，作为被实施对象的大学生创新创业者最有感触，而且最具发言权。政府应该实行政务公开，建立透明的行政制度，通过创建社会监督网络，鼓励大学生及社会公众参与其中，加强社会民众监督、信息共享，打通政策通行的壁垒，加强政府信息网络互动平台的建设，建立信息反馈机制，及时了解民众意愿。

（3）设计合理、科学的监督内容、程序和手段。为了使创新创业政策的监督有据可依，能够被量化，设计监督测评指标体系是必不可少的。其中要依据政策执行的不同阶段、不同主体，对监督测评指标实行定性评价和定量评价，要详细制定执行方法，手段要客观、全面，力求科学，测评结果可视化，做到有理有据。大学生创新创业是一项涉及范围较广的实践活动，各个政策执行主体间紧密相连，不可分割，因此，政策执行监督测评指标的设计不仅要体现对本范围内出现差异的政策执行效果的评价，还需考虑到辐射至周边领域的内容指标，这样的评价才是科学的、全面的。

（4）加大对政策执行主体错误行为的惩罚力度。为了避免执行主体滥用权利，无视大学生的利益，同时能够响应责权统一的要求，必须建立健全责任追究制度。通过"有功必赏，有过必究"的方法，营造积极和主动的氛围，促进相关政策执行的高效性和公平性。由此可以看出，创新创业政策监督机制的建立，不仅可以约束执行主体的权利，从某种程度上也可以推动创新创业政策的全面实施。

2. 推动创新创业的制度健全

创业者是经济社会发挥活力的主体，是市场经济可持续健康发展不可或缺的力量源泉，创业者创办的大量新型企业是注入经济社会的新鲜血液。近年来，由于中央各项文件的出台，涌现出一大批投身于创业浪潮的大学生。虽然伴随审批、商事制度改革的推进和完善，我国各类市场主体，特别是当代大学生如雨后春笋般大量涌现，激发了市场的活力，但是"最后一公里"是大学生创新创业落地的难题。为此，要持续增强制度松绑、简政放权、优化服务改革的累积效应，推行政务服务事项的"一号申请、一窗受理、一网通办"。减少政府对企业创业创新活动的干预，全面推行协同监管，加快提升政府办事效率和服务质量，力争建立健全政府管理制度。

（四）社会助推大学生创新创业教育

大学生创新创业的社会性特点决定了其必须与社会各方联动与合作才能形成一个整体。要使创新创业教育取得成效，社会是创新创业教育的渠道之一，创新创业教育的实践离不开社会，需要社会的参与和助推。

1. 改善社会创新创业的文化土壤

改变社会创新创业教育环境不仅要从改良社会思想文化土壤入手，还需进一步加强舆论导向，运用各种舆论方式，营造出良好的创新创业氛围。

（1）改善社会创新创业思想文化土壤。一个民族的精神面貌和文化内涵形成了该民族特有的思想文化土壤，社会思想文化土壤无论是从主体、客体，还是从传播手段而言，都是符合社会规定性的。思想外化为行动的实践过程和它的思想文化土壤具有同一性、同质性，因此一个民族的社会思想文化土壤是否蕴含着大学生创新创业的有利因素，对于该民族的创新创业具有决定性作用。社会思想文化土壤属于社会意识范畴，它是一种隐藏的、潜移默化的精神力量。它内在于主体，是主体的精神因素；它物化于客体，支撑着客体的风格和文化内涵；最重要的是，它主要表现在中介传播方面，大学生主体是否能够"内化于心，外化于行"主要在于思想文化的传播。大学生的创新创业压力，除了没有优秀的团队、充足的资金、新颖的项目，更多考虑的是创新创业实践中多方的舆论压力。因此，对大学生进行创新创业教育，不仅要投入资金，加强学校教育，还要加强人文关怀，营造鼓励创新、支持创业的文化氛围，营造对创业者宽松、包容的社会环境，吸引更多人了解创新创业，理解大学生创新创业的艰难，知悉其对社会发展和经济发展的有益之处。

（2）加强社会舆论导向。舆论是社会群体对社会生活中所发生的事情发表的观点和评价的结合，舆论是引导社会、控制社会、改变社会的关键。对于创新创业教育而言，舆论引导是扩散教育理念，推动其进一步发展的重要举措。各类媒体要为营造良好社会舆论环境而努力，通过指引方向，宣传成功人物创业事迹，鼓励创新，激励创业，引导社会大众接受大学生创新创业，让社会大众知悉大学生创新创业是有一定发展前景的，能为人们创造更好的生活。我们可以通过多种方式为其提供咨询和引导，如建立大学生创新创业微信公众号，让大学生随时随地了解最新动态，杂志媒体如《创业家》《文汇报》等的参与营造了创业文化，电视媒体如《致富经》（2023 年改版更名为《共富经》）、《创业英雄汇》（2021 年节目完结，停播）等报道了很多大学生创新创业的案例，广播媒体加入了讨论大学生创新创业的栏目，报刊媒体也刊载了大学生创新创业的事例及专业人士的评论等。

2. 加大企业创新创业的扶持力度

（1）建立"暑期实习生"模式。企业可以主动走进学校，加强与学校的联系，向学校申请建立"暑期实习生"模式。在企业专业对口的岗位上设立实习生职位，走校企联合道路，利用寒假和暑假的时间，邀请在校生去企业进行 1～2 个月的实践活动，让学生感受真正的企业文化，参与企业的运营、管理和实践，使学生得到真正的锻炼，同时也为企业注入新鲜血液，带来新的活力，实现学生和企业双赢。进一步彰显企业的创新创业试验田作用，亮明全方位开放的鲜明态度，企业是推动大学生市场主体走出去的桥头堡。

（2）增加社会融资。大学生创新创业需要资金的支持，其投资主要依靠父母、亲戚、借贷或者个人储蓄。但是大多数家庭的力量是有限的，虽然政府有资金扶持和税收减免政策，但所占比例较小。一方面，大学生经济知识缺乏，主动寻求社会资金支持的意识薄弱，导致社会资金与创新创业项目无法完成对接；另一方面，大学生创新创业项目受多方面因素影响，又有手续、成本、条件等因素制约，社会融资可获得性较低。所以，社会方面应该主动对接大学生创新创业，为其提供资金，减少大学生创新创业路上的阻碍。

（3）打造专业化社会服务机构。中国大学生创新创业项目越来越多，相关孵化机构能在最短的时间内迅猛增长，将会导致集中化、同质化等，无法为不同阶段、不同领域的大学生提供顶尖、专业、细化的服务。因此，打造专业化社会服务机构迫在眉睫。专业化社会服务包括企业为大学生创新创业提供咨询服务、技术服务、人力资源服务、中介服务等。因此，企业应该根据大学生创新创业的不同阶段、不同领域，甚至不同年级，打造专业化社会服务机构，互相衔接，各有侧重地提供帮助，更加有针对性地促进早期创新创业项目落地生根。

（五）家庭支持大学生创新创业教育

1. 明确家庭创新创业教育的责任

教育是学校的责任，更是家庭的责任，教育子女是每个家庭应尽的义务和责任。大学生处在创新创业期，父母更应该重视家庭教育，充分认识家庭教育功能，回归家庭教育责任。虽然现在社会上存在很多创新创业教育培训机构，但是，培训机构的存在只是弥补了父母教育能力的缺失，是家庭部分教育职能的转移，并不代表家庭可以脱离创新创业教育，培训机构并不能完全取代父母的教育。

家庭教育具有学校和社会教育无法替代的地位，学校以"传道授业解惑"的知识体系进行教学，每个学生接受知识具有同一性，学习知识共性有余而自我意识不强，缺乏对创新的培养。因此，家庭应该主动承担起品质教育的责任，在学生学习之余，着重培养大学生的品质，并且充分利用特殊角色，以身作则，言传身教，树立好榜样，在日常生活中教导，于潜移默化中传输品质教养。

2. 提升家庭创新创业教育的能力

家庭创新创业的教育者是父母，他们的素质如何，直接关系到家庭创新创业教育的进程。

作为家庭创新创业教育的实施者，不应该与时代脱节，而是应该打开家门，通过各种途径来获取创新创业知识。首先，家长应该通过各种手段提高自身的创业素质和创业教育能力，利用各种媒体，如微博、微信公众号、广播、电视、电台等不断给自己充电、续航；其次，与学校互动，家长定期到校参观大学生创新创业科技园，了解相关进程，观看大学生的研究成果，这样，不仅知道自己子女在学校的动态，而且也通过学校这个平台跟上了时代步伐，拓宽了自己的创新创业知识面。

建立学习型家庭是提高家庭创新创业教育的另一个行之有效的方法。在这个知识膨胀的学习型社会，知识的更新速度越来越快，人们已经进入知识快速发展的时代，要想跟上时代的步伐，社会上的每个人必须加强学习，秉承"终身学习"的信念，不断增加知识储备量，更新知识，紧随科技步伐。特别是对创新创业教育这样的新问题，很多家庭成员不甚了解，解决此类问题的最佳方法是拥有解决新问题的能力，而不是单纯地因为出现了问题而去解决问题。因此，建构学习型家庭，营造良好氛围，动员家庭成员主动学习，全员学习，生活化学习，父母和子女一起探讨学习心得、一起进步，不仅能够营造和谐家庭氛围，促进父母与子女之间关系，而且，与时俱进，让所有家庭成员在互相学习过程中获得创新创业知识。

综上所述，在经济新常态背景下对当代大学生进行创新创业教育，首先要把握高校这一创新创业教育阵地，使学生可以储备充足的"创业知识粮食"；其次，要从国家层面出发，强化支撑、狠抓落实、破除障碍，保证创新创业政策通行顺畅；再次，改良社会思想文化土壤，加大企业创新创业扶持力度，给大学生提供"创业实战"的场地；最后，家庭填补学校创新创业教育的空白，为大学生创新创业教育提供"营养素"。由此呈现国家、学校、社会、家庭"四位一体"的壮观景象，做好"创新创业教育战线"的准备，形成大学生创新创业教育生态系统的新格局。

第五章　大学生创新创业精神培育与能力提升

第一节　大学生创新创业精神要素与能力结构

一、我国大学生创新创业精神要素分析

创新创业对于我国建设创新型国家具有十分重要的作用。创新精神是科学精神的一个方面，同时，以遵循客观规律为前提，只有当创新精神符合客观规律和客观需要时，才能顺利地转化为创新成果。创业精神是一种勇于抛弃旧思想旧事物、创立新思想新事物的精神。企业家们对"85后"创业者的描述用的最多的四个词是"专注、责任、执行力强、自信"，描述"90后"创业者用的最多的四个词是"标新立异、灵活多变、聪明、自信"，他们用实践经历阐述了创业精神的内容。大学生创新创业精神主要是指大学生勇于创新并敢于承担风险的一种精神状态，是大学生依据社会和自身发展的需要所产生的创业动机和创业意愿，是创业的先导。构成创业者创新创业精神的要素包括以下几个方面。

（一）自主创新精神

自主创新精神是创新创业精神的核心。有自主创新精神的人具有独立的人格和独立的思维，不受传统和世俗偏见的束缚，坚持自己选择的道路。自主创新

涉及原始创新、集成创新和引进技术再创新。而自主创新离不开创新思维，创新思维的过程和某个具体的问题密不可分，即问题就是思维的起点，所有的创新思维都包含了问题的解决过程。首先是问题情境的分析，它是创新思维的开始，能唤起人们的需求。对问题情境各个结构因素从不同方面进行探究，以弄清各因素之间的关系。其次是提出问题，在问题情境分析中确定引起困难的那个因素，这个因素就是问题。最后需要发散思维，在认识到问题的存在和本质后，就进入了发散思维阶段。这时以解决问题为出发点，重新组合和应用以往经验，广开言路，尽可能多地提出解决问题的方法和途径。发散思维时要利用多角度、不同的思维方向，不受限于现有的知识范围，不遵循传统的固定方法。在对大学生进行创新创业精神培育时，要认识到这种持续的创新性思维是决定创业者后续发展的关键所在。

（二）开拓进取精神

开拓进取精神是指在学习现有的创新创业理论和实践案例的基础上，根据自己的兴趣和当前社会形势寻找一条适合自己的创新创业道路的精神。同时，在创新创业的过程中，需要紧跟社会步伐，学习新理论和新技术，时刻保持先进性，并要树立不怕困难、勇往直前的坚定信念。人生路漫漫，如逆水行舟，不进则退。新时代的大学生应该勇于突破，不墨守成规，在借鉴先辈们优秀成果的同时，不要拘泥于条条框框。开拓进取包括许多方面。

一是开拓性思维。思维的过程总是从一个环节逐渐过渡到另一个环节。我们需要借助思维来把握事物的全貌，并且不断学习探索是否可以将它们运用到自己的工作中来，或者把它们应用于其他领域。具有开拓进取精神的人具有统摄推论能力，并能通过概括手段来驾驭它。

二是开拓新路、转移经验的能力，主要体现在善于发现事物之间的相似点。例如，一般的人被茅草划破手不会得到什么启示，而古代巧匠鲁班却在这一经历中得到启示，最后发明了锯子。这就表明经验是人类最宝贵的财富，但具有相同经验的人，其开拓性才能并不相同，主要就是开拓新路、转移经验的能力在起作用。

（三）勇担风险精神

在实施创新创业的道路上，需要培养自己在新社会形势下的胆识和魄力，对于充分准备、周密思考和细心计划后提出的创新创业想法和路线，要勇于尝试。利益和风险往往并存，我们要在实践中勇于承担风险、克服困难，这就是所谓的勇担风险精神。在创新创业过程中，风险和机遇是并存的，充满了未知的挑战，只有敢于冒险的人才能抓住机遇。"既然选择了远方，便只顾风雨兼程"，只有这样，才能将理想变为现实。而创新创业本身就是一种冒险活动，一种开创新事业的活动。在开创过程中，存在着无限的未知和不确定性。因此，大学生要想创新创业必须具备冒险精神。勇于冒险，勇于尝试，才有可能将理想变成现实。大学生应该敢于实践，敢于冒险，敢于接受风险带来的挑战。同时要具备良好的风险评估能力，有胆有识，并据此采取适当的行动，以便减少未知风险可能带来的损失。因此，创新者要有风险意识，应该做好承担风险的心理准备，并具备化解风险的创新能力。

有人曾说赌徒最适合创业，其原因是创业是一项冒险活动，而赌徒最有胆量，敢于下赌注，赢得起也输得起。研究发现赌徒的心理承受能力确实远远强于普通大众，强大的心理承受能力也是创新创业者需要具备的。没有超凡的胆识，就不会有超凡的事业。对于大学生创业者来说，应该具备敢于承担风险的精神，具备善于化解风险的能力，要有足够的勇气直面困难。艾略特（Eliot）曾说："世界上没有什么伟大的业绩是由事事都求稳操胜券的犹豫不决者创造的。"成千上万的人做着创业梦，然而只有少之又少的人付诸行动。

（四）团结协作精神

创业需要团结协作精神和大局意识。团结协作精神是指团结一切可团结的力量，将周围志同道合的伙伴团结起来，使其在创新创业中发挥优势、精诚合作，共同克服困难。创新创业者要从大局出发，要有大局意识、协作精神和服务精神。团结协作精神的基础是尊重个人的兴趣和成就，核心是协同合作，最高境界是全体成员凝聚在一起，反映了个体利益和整体利益的统一，并保证组织的高效率运作。因此，创新创业者需要充分发挥团队中每个人的优势，将其安排在合适的岗位，进而充分发挥集体的潜能。一滴水容易蒸发，只有融入江河海才不会干涸，一个人的力量是有限的，只有融入团队才会形成凝聚的力量。知识经济时代的创新创业活动依靠个人的力量很难完成，更多的是以团队的形式来实现。一个企业的发展也需要集体的力量，只有这样才能将企业做大做强。而一个创业团队的建立及团队合作精神的发扬是创新创业的不竭动力，其中团队合作精神是现代社会中不可缺少的。在学科交叉、技术集成、知识融合的背景下，个人的作用越来越小，成就一番事业的关键在于凝聚群众的力量。每一个人都是社会中的人，都在各自的团队里，团队成员之间相互学习、相互影响。任何人脱离了团队就如同离开了江海河的一滴水，是无法长久生存的。只有善于同他人合作，才能兼收并蓄、集思广益，才能有所突破，有所创新。团队精神的基础是尊重每个人的兴趣和成就，其核心是协同合作，把团队成员凝聚起来，保证团队高效率运转。团队精神要求成员对团队要有责任感，要有效地协调个人目标和团队目标，而不是要求团队成员牺牲自我，相反，应让成员共同完成任务目标，各扬其长。大学生应该有意识地树立一种团队精神，学会团结协作，同时在团队中实现自我成长，实现多赢。大学生在学校里通过专业社团等途径，形成不同的团队，在团体中发扬合作精神是一种有效的方式。一个优秀的团队需要具备高度的凝聚力，创新创业团队成员需要为人正直、诚实守信、心地善良。只有这样的团队才可能有正确的价值观，在获得社会效益的同时，保证自我的长久发展。

（五）踏实肯干精神

踏实肯干是指在创新创业过程中脚踏实地、不浮躁、不冒进，工作上做到一丝不苟、任劳任怨、坚持不懈。"千里之行，始于足下。"创新创业是一个漫长的过程，困难与挫折如家常便饭一般，需要大学生有踏实肯干的精神。吉鸿昌曾说："路是脚踏出来的，历史是人写出来的。人的每一步行动都在书写自己的历史。"当我们确立了一个目标之后，不要随波逐流，要坚持走自己的路，即使遇到困难和挫折也要沉着面对，逐渐积累经验。不断锻炼自己的忍耐力，等待机会的来临。这个时代从不缺乏能说的人，大家更欣赏那些悄悄干出大事业的人，讨厌那些事前唱高调的人。由团中央、教育部等部委及省级政府主办的"挑战杯"全国大学生课外学术科技作品竞赛就是一个很好的平台，是我国大学生创新创业的"奥林匹克"盛会。老师多鼓励学生去参加，有助于提高同学们的组织协调能力、独立思考能力和分析解决问题的能力，从而提高他们的综合能力。

（六）吃苦耐劳精神

吃苦耐劳精神是指在创新创业过程中能忍受贫困清苦的生活，能经受磨难的考验，不怕困难、勇往直前的精神。常言道：吃得苦中苦，方为人上人。既然要做到吃苦，那么得先认识吃苦，因为认识的深度决定行动的力度。我们作为个体在社会上要想有立身之地，就必须面对各种各样的困难和挫折，因此要学会自立。而学会自立的前提是学会吃苦。吃常人难吃下的苦，承受常人难以承受之事。所以在平时的学习、生活中，我们要意识到吃苦是一种财富，是一种资本，在学习、生活中要有持之以恒的精神。学校方面可以扩大学生参加暑假"三下乡"社会实践活动的名额，争取让更多的学生有机会去农村磨炼，发扬吃苦耐劳的精神。"三下乡"活动在校园与社会之间架起了一座桥梁，通过这座桥梁，学生对社会有了更深的了解，提高了自身的综合能力。

二、我国大学生创新创业能力结构的构成

创新能力主要是指发现新问题、提出新方法、建立新理论、发明新技术的能力，是创新型人才必须具备的基本能力。创新能力的培养重在培养创新思维能力、动手操作和实践能力及解决问题的能力。创业能力是指能够顺利实现创业目标的特殊能力，包括专业技术能力、经营管理能力和社交沟通能力、分析和解决实际问题的能力、把握机会和创造机会的能力等。大学生创新创业能力是指大学生在学习知识和积累经验的基础上，对所学理论知识进行系统和科学的加工，从而产生新思想、新概念、新知识、新方法，并应用它们创造性地解决新问题。创新创业能力结构是指一个人所具备的能力类型及各类能力的有机组合，它是由知识、技能、经验等多个要素构成的系统结构，在这个结构中，各要素相互作用，对创新创业发挥着作用。大学生创新创业者仅凭一时的创业激情是远远不够的，还需要具备实践能力，否则也难成大事。而我国大学生创新创业能力的要素分为一般要素和特殊要素两大类。

（一）我国大学生创新创业能力结构中的一般要素分析

大学生在创业的过程中，应按照一定的程序进行。如在进行市场需求分析的基础上进行准确的目标市场定位，进而组建创业团队。因此对于大学生创新创业能力结构中的一般要素进行分析尤为重要。

1. 分析市场需求的能力

市场需求是指一定的顾客在一定的地区、一定的时间、一定的市场营销环境和一定的市场营销方案下对某种商品的需求或服务意愿。消费者需求的产生离不开两个要素：一是消费者愿意购买，即有购买的欲望；二是消费者能够购买，即有支付能力。两者缺一不可。大学生需要具备分析市场需求的能力，这样才能开展创新创业活动。

2. 定位目标市场的能力

目前，许多企业都开始从事目标化经营，为目标市场提供更完美的产品或服务，把一个或几个细分市场作为其服务的目标市场。进行目标市场定位，可从以下几方面入手。

（1）选择目标市场。选择目标市场是指在对每个细分市场的吸引力程度进行评价的基础上，选择进入一个或多个细分市场。

（2）评价细分市场。评价细分市场是指企业对各个细分市场进行评价，并确定将哪些细分市场作为服务对象的活动。大学生也需要具备这些能力。

（3）选择细分市场。选择细分市场是指根据各个细分市场的独特性和公司自身的目标选择要进入的细分市场。

（4）市场定位。要想让消费者在众多产品中将本企业产品优选出来，并且对本企业产品具有高度的信任感，就需要进行市场定位。市场定位是指企业将产品、品牌、服务定义成与众不同的个性，这个个性是符合产品特色的，也正是这个特色使本企业的产品能够区分于其他企业的产品。

3. 组建创业团队的能力

一个好的管理团队对企业的成功具有举足轻重的作用。创业企业的发展潜力与创业团队的素质密切相关，好的团队如同强心剂，可以增强创业团队的市场竞争力，使创业团队立于市场不败之地。

如何组建高效率的团队是每个创业者必须思考的问题，组建团队有 5 个必不可少的因素，具体如下。

（1）每个团队必须有一个灵魂人物。灵魂人物是团队的定海神针，而且他必须是唯一的核心。如果大家权利均等，没有核心，那么即使形成股份公司股权也较为分散，这是在人为地为以后的发展埋下隐患。

（2）合伙人彼此信任。彼此的信任是团队攻坚克敌的必不可少的因素。信任能让团队拥有"1+1 ＞ 2"的力量，缺乏信任就会引起内耗，这样的团队必然会被淘汰。

（3）打造具有互补性优势的团队。互补性团队比相似性团队要好，就像一支足球队，前锋、中场、后卫，每个人都有自己的定位。一个团队里没有一个人的能力是足够全面的，没有一个人有各方面的资源。所以，一个互补性强的团队是比较完善且有较强竞争力的。

（4）创业团队成员需是各自领域内的专业人士。创业团队成员宁缺毋滥，团队里的每个人都必须有专业特长，能在各自位置上真正发挥作用。因为创业初期，每个合伙人都会负责相应的核心业务，如果合伙人的能力不强，就会影响团队的整体水平。

（5）需有共同的理念。创业团队的成员必须具有共同的创业理念。因为团队的最佳组合方式是基于共同的理念，这也是企业文化的基石。只有合伙人的理念相同才能让企业走得更远。不然，可能最终会不欢而散，宣告创业团队组建失败。

所有的企业都有其出生、成长、衰退的过程。创业团队更是如此，每个人都要懂得如何组建团队，并使其持续成长。

4. 搜集创业信息的能力

信息是联系消费者、客户、公众和创业者的纽带。在创业前期，信息对创业者来说至关重要。因此，大学生创业者必须重视创业信息的搜集。

创业信息可分为创业市场信息和创业环境信息两类。

（1）创业市场信息。创业市场信息具体包括以下内容。

①市场可行性方面的信息。搜集市场可行性方面的信息，主要是了解市场

规模，分析市场前景。了解市场潜力，考虑人口的数量、购买力和购买欲望。同时也要了解当前市场的饱和度以及各品牌的市场占有率等。谨慎比对后，再做出正确的创业选择。

②市场竞争信息。竞争信息是商战中最具有战略性的因素，也是创业者必须密切关注和进行调查的内容。只有做过竞争分析，创业者才能做到"知己知彼"。

③产品信息。创业者必须了解自己要提供的产品在消费者心目中是什么样子的，产品的哪一方面最为突出等问题，这方面的信息直接服务于自己的品牌定位决策。创业者还要搜集自己将要提供的产品在造型设计、性能等方面存在的优点和不足，了解是否符合目标对象的要求，产品是否需要改进。同时应当了解自己要提供的产品有什么新用途、应使用种原料、如何保养等方面的信息。

④价格信息。了解市场中各竞争品牌以及各种类型产品的定价；探究价格在品牌选择中的重要性，以及定价策略对产品销售的影响；分析消费者对价格的弹性要求、对价格变动的反应以及价格的理想点，制定有利于产品销售的定价策略等。

⑤消费者信息。消费者是市场的主要参与者，是产品的最终购买者。创业者要想获得成功就必须了解消费者的需求和偏好，使自己的产品能够获得消费者的认可。因而，对消费者行为的研究是市场信息搜集工作的重中之重。

⑥特定市场的特征信息。在商品竞争激烈的环境下，一种产品往往只能占有相当有限的市场份额。对产品所占市场的特征进行分析，有利于创业者采取针对性的措施来稳固市场和开拓市场。

（2）创业环境信息。进行创业环境分析主要是为了对现有市场条件、创业者所不能控制的外部环境因素有一个深刻的认识。创业环境信息主要包括文化环境信息、行业需求信息、原材料供应商的信息等内容。

①文化环境信息。文化环境是影响顾客做出购买决策的重要因素之一，正是社会文化环境的复杂变化，才导致消费需求、购买动机和购买行为具有复杂性和多变性。创业者要搜集的是所在地整体消费者的社会习惯、生活准则、价值观念、民族风俗等与产品销售有关的文化环境因素方面的信息。企业可以从民族风

情、民间习俗，以及消费者心理的角度进行调查分析和预测。

②行业需求信息。我们都知道，研发产品是为了满足市场需求，更是为了满足消费者的需求，消费者对产品的需求度越高，企业效益自然越好。因此，在进行创业之前，对研发产品的行业需求的调研必不可少，只有充分掌握行业需求的数据，以及产品的饱和度等基本信息，才能够"对症下药"进行系统的产品研发。否则只能像毫无头绪的蜜蜂一样，东碰西撞，无法研发出满足市场与消费者需求的产品。

③原材料供应商的信息。众所周知，众人划桨开大船，对于创业来说也不例外。因为一个创业团队，不可能包揽所有的事情。比如，在设计出产品后，产品的制作工作需要由专业的原材料供应商保障材料的质量与数量。那么对原材料供应商信息的收集就非常重要，需要由专人来完成。因为供应商所供应材料的品质、规格等内容都是值得创业者关注的。与一家口碑差、不讲信用的供应商合作，对创业企业来说，会产生不可估量的损失，会使创业者辛苦创立的良好的社会口碑在一瞬间被摧毁。

可以说，搜集所需要的信息资源，并对这些要素进行认识及评价，将会对创业企业的运作及成功提供强有力的支持。

（二）我国大学生创新创业能力结构中的特殊要素分析

任何人做任何工作时都不能盲目，更不能基于从众心理而在未做充分准备的情况下就开展工作。对于大学生创新创业来说也不例外，必须做好充足的准备，不能头脑一热就盲目跟风，从而导致创业失败。

1. 创业观念

众所周知，世界上没有完全相同的两片树叶，人和人的思维、想法也是完全不同的。进行创业也是出于多种原因，这个原因与大学生所处的家庭环境、自身具备的观念等有着直接关系，但是无论出于什么原因，都必须重视创新理念。大学生思维活跃，看待事物时总是能够站在自己的角度，而萌生出创业观念也是他们思维创新的一种体现。此外，我们也要提出一点要求，那就是希望广大学子在创业过程中冷静、客观地进行分析，不要盲从。

（1）赚钱观念。毋庸置疑，每个人在创业过程中，一定会优先考虑经济效益。因为经济效益从某种程度上来说，是对创业成功与否的客观检验。但是，在创业初期如果只将经济效益放在首位，而不考虑企业的长足发展、社会口碑等因素，可能最后会铩羽而归。所以，先有企业的长足发展然后才会有个人的经济收益，企业为个人提供了舞台，只有维护好企业的利益，个人的收益才能够实现。

（2）服务观念。大学生创业者在创业初期都能够秉承服务至上的观念。因为任何一项工作都是在为人服务，所以树立正确的服务观念是发展的前提。大学生创业者必须具备服务的意识，并且有自己的底线，不能唯金钱至上而将产品质量标准抛于脑后，要以产品质量佳、服务优质来赢得消费者的青睐，这种青睐与认可是千金难买的。

2. 创业知识

一名成功的企业家说过这样一句话：知识是通往成功的"通行证"。没有丰富的知识，在创业过程中一定会倍感困难，会感觉有一种无形的力量在牵绊着自己接近成功的步伐。所以，知识才是前行道路上的最佳伙伴。

（1）专业知识。有句话说得好，专业的人做专业的事。无论在哪一个领域创业，首先需要具备的就是专业知识。丰富的知识结构是大学生开展创业活动，并取得成功的关键。没有专业的知识构架，即使创业初期能够获得一点成绩，也是暂时的，不足以支撑起未来的发展。

（2）财务管理知识。企业能够正常运营依靠的不仅仅是产品的推广与营销，更重要的是财务部门对于资金的核算与调配，每一家企业都非常重视财务总监或者财务主管领导提出的意见或者建议。因此大学生也需要掌握一些财务知识，这是一种趋势。在未来，既懂管理又懂财务的大学生创业者会越来越受欢迎。

（3）经营管理知识。管理团队制定出的有关企业发展的方针政策是企业前行的"指挥棒"，只有决策正确、方向明确才能促使企业有序发展，才能完成每一位企业家的梦想——让企业成为百年企业。如果将企业比喻成一棵大树，那么经营管理相当于大树的躯干。只有躯干健康、没有虫蛀，这棵大树才能枝繁叶茂。经营管理是企业发展的命脉。

（4）法律知识。作为法治国家的一名企业经营者，必须知法、懂法、守法、不触犯法律，这样才能使企业长久运营。所以学习有关的法律知识是大学生创业者必做的一项工作，而且要在创业过程中随时在法律知识方面"充电"。大学生要对一些法律条款有所了解，及时地了解创业领域的一些政策与制度的变化，要知道哪些生意可以做，哪些生意决不能触碰，并且要坚守住底线。同时，为了完善企业的部门构架，企业还要设立法务部，聘请法律顾问。

就业是最大的民生，为了有效地缓解大学生就业难的压力，目前我国政府已经提出了鼓励大学生创新创业的口号，鼓励大学生利用充足的知识、充沛的精力来将创新创业精神发挥到极致。当地政府也要制定与实施具有实际意义的鼓励政策，优化创业环境，出台相关政策，为创新创业增添一份力量。

3. 筹集创业资本的能力

许多大学生创业者在开展创业活动前，虽然创业思维与创业方案都已经完备，但是迟迟无法开展创业活动，原因只有一个，那就是资金不到位。大部分大学生创业者面临的是如何筹集创业资金。既然自己无法拿出创业资金，就只能通过多种方式来筹集了。所以，大学生对于创业资本的筹措能力是开展创业的前提。

（1）债务融资。目前适合大学生的债务融资方式主要有以下两种。

①私人借贷。私人借贷主要是指从家人、亲戚、朋友那里借资金。向家人、朋友借资金是创业者首选的方式，彼此间的完全信任，使资金筹措速度较快，且数额较多。同时，许多人出于亲情的考虑，不会对借款者提出收取利息的要求。

②商业贷款。商业贷款是较为常见的贷款方式，但对于创业企业而言，要想取得商业贷款并不是一件容易的事。一般情况下，创业者必须拿得出抵押物或有贷款担保。商业贷款又分为抵押贷款、担保贷款。抵押贷款是指借款人将其所拥有的财产作为抵押物向银行贷款。担保贷款是指借款方有符合法定条件的第三方保证人作为还款保证，当借款方不能履约还款时，贷款人有权按约定要求担保人承担清偿贷款等连带责任。

（2）股权融资。股权融资是一种通过给予投资者在企业中某种形式的股东地位进行融资的方式。投资者获得公司一定比例的所有权，并期待随着时间的推移原始投资额可换取更高的利润回报。目前常见的股权融资有三种，即风险投资、天使投资、政府基金。风险投资是指由专业投资者将资本投入拟创立的创业企业或刚刚诞生还处于起步阶段的创业企业，以期获得高回报同时又承担着高风险的一种投资。创业企业由于具有前景的不确定性和较高的风险性一般难以从金融机构获得贷款支持，风险投资较好地弥补了这一不足。高新技术企业与传统企业相比具备高成长性，因此风险投资往往把高新技术企业作为主要投资对象。与风险投资不同，天使投资往往是一次性投入，后期一般不再注入资金；投入金额也较风险投资少。在我国，天使投资每笔投资额为 5 万～ 50 万美元。投资者的个人喜好成为投资的第一条件。政府基金主要体现了国家对创业企业的扶持倾向，既包括通过设立创新（创业）基金的方式直接对创业企业进行资助，也包括通过财政补贴、税收优惠、政府采购、财政担保机制以及建立创新企业发展园区等方式对创业企业进行间接资助。

第二节　大学生创新创业精神培育与能力培育的现状检视

一、我国大学生创新创业精神培育现状分析

（一）我国大学生创新创业精神培育取得的成绩

随着高等教育的大众化，就业形势越来越严峻，而我国大学生创新创业事业的发展则越来越快。而且大学生的创新创业意向呈现出逐渐增强的趋势，创新创业人数也逐渐增加。大学生创新创业逐渐成为市场中的一种新潮流，成为这个时代的新趋势。近些年我国针对大学生创新创业的政策频繁颁布，表明我国大学生创新创业大环境也逐步向好。而且，调查结果也表明我国大学生对创新创业持有积极的态度，兴趣浓厚，有较强的自主创新精神、开拓进取精神和吃苦耐劳精神。

首先，我国大学生创新创业意向与 20 世纪 90 年代相比有逐渐增强的趋势。

自主创业在实现自我理想的同时，还可以为他人提供工作岗位，缓解我国就业难的困境。创新创业有很大的风险，在此过程中要勇于面对其中的坎坷和挫折，要敢于承担责任，保持一种积极的心态。与此同时还需要客观地评价自我，以及对市场和自己要选择的行业有比较准确的认识和判断，对政府出台的鼓励和支持大学生创新创业的政策要有深入的了解，进而确定自己的目标，将自我价值和社会价值的实现统一起来。

其次，我国大学生具有较强的自主创新精神、开拓进取精神和吃苦耐劳精神。大学生在校参加的创业大赛，很多项目都是关于高新技术的，他们可以趁短暂的在校时间抓紧学习某些高新技术，锻炼自我的创新能力。某些科技含量较高的项目成了高校大学生创业的首选，特别是我们现在见到的以互联网为核心的高科技项目受到了很多理工科学生的青睐。

（二）我国大学生创新创业精神培育中存在的主要问题

我国大学生较缺乏勇担风险的精神。现在人们潜意识里还认为创业不是正经的就业之道。"学而优则仕"的思想也使部分大学生认为考取公务员是最好的就业方式。高等教育扩招，随之而来的就是就业压力的倍增，许多大学毕业生依然想进党政机关、大中型企业以及教学科研单位等，和西方发达国家的大学生相比，我国的大学生在创新创业方面缺乏勇担风险的精神。

有关统计数据表明，虽然我国 2019 届大学生自主创业的比例上升到了 3%，但成功率不到 1%。而与创业界广泛流传的美国大学生约 28% 的自主创业的比例（成功率约 20%）相比，差距甚大。并且部分职能部门和高校领导对创新创业教育的认识也存在不到位的情况，没有把创新创业教育当成一种新的教育理念。因此对创新创业教育与素质教育的含义及其相互关系也存在模糊的认识，在对大学生开展创新创业教育的过程中，缺乏对大学生创新创业精神的培育。当前我国大学生的创新创业学科体系尚未完全形成，对大学生的创新创业精神的培育也存在一定的局限性。从目前高校创新创业教育的课程设置来看，有针对性地培育大学生创新创业精神的课程较少。

二、我国大学生创新创业能力培养现状分析

（一）我国大学生创新创业能力培养取得的成绩

国家出台了一系列鼓励大学生自主创业的优惠政策，以及政府、学校和舆论都支持和鼓励大学生创新创业，有力地推动了我国创新创业事业的发展，同时也提高了我国大学生的创新创业能力。

我国大学生具有较强的社会交往能力和组织领导能力。大学生要想提升自己的创业能力，训练自己的实践技能、人际交往技能、组织领导技能等，需要积极参与各种社会实践活动，在实践中不断积累经验，增强自我的社会实践能力。还需要参加各种机构举办的创新创业大赛，在比赛的过程中，积累相关的经验，从而为自己的创业做好准备。

（二）我国大学生创新创业能力方面存在的主要问题

首先，我国大学生在专业技术能力方面不占优势。据笔者调查，我国 8.57% 的大学生认为现有的专业知识和技能能够满足创新创业要求，19.55% 的大学生认为现有的专业知识和技能基本满足创新创业要求，8.81% 的大学生不清楚现有的专业知识和技能是否能够满足创新创业要求，而 63.06% 的大学生认为现有的专业知识和技能不能满足创新创业要求。

其次，我国大学生的经营管理能力、机会识别能力、分析决策能力不足。不可否认的是，由于在校大学生对于具体的市场开拓缺乏实战经验和认识，难以掌握市场的第一手资料，也无法全面分析市场未来的走向。当对各个行业的发展动态和相互关联把握不当时，就难以通过各种渠道对创业行情进行客观理性的分析。并且在校大学生对于市场营销和资金融通方面的知识、技巧不够了解。我国大学生普遍缺乏创新创业综合能力，而创新创业综合能力对创业成功是至关重要的。

最后，大学生缺乏抗挫能力。调查显示，面对创业过程中的各种风险，有 54.17% 的大学生不确定自己是否能承担，仅有 33.09% 的学生认为自己能承担。这表明大学生创业者的抗挫能力亟待提升。虽然全国各地掀起了创新创业的热

浪，但是我国依然面临着大学生创新创业活动成功率低的严峻局面。据调查，在我国，想要创业的大学生所占比例高达 75.22%，真正创业的人只占 1.94%，而大学生创业成功率仅为 1% ~ 5.13%。

（三）我国大学生创新创业能力培养中存在的主要问题

由于我国教育体制较为传统，大学生只有通过考试才能步入大学校园，本身就缺乏创新创业的基本知识。而创新创业教育以大班教学为主，从理论到理论，缺乏实践环节，大学生的创新创业能力培养效果不理想。高校是我国学科建设和发展的主阵地，学生在校期间应该不断积累科学技术和专业知识，并提高相关技能。特别是高水平的研究型大学聚集了大量的教师精英，其学术思想活跃，为大学生研发高科技产品提供了智力支持。部分有创新创业想法的学生在大学期间做了相应的规划，利用有限的在校学习时间和假期实践时间不断提升自己，但是更多的学生对自己的未来没有做具体的规划，处于游离状态。高校要注重培养大学生基本的经营管理能力、机会识别能力、应对突发事件的能力。

三、我国大学生创新创业精神培育与能力培养欠缺的原因

（一）创新创业的社会文化氛围不浓厚

受传统就业观的影响，大部分家长不支持孩子创业，甚至对创业有误解，特别是不能包容创业的失败。这让许多青年大学生不敢创业、怕承担风险、担心失败。调查显示，虽然和 20 世纪 90 年代相比，现在很多大学生有创新创业意愿，但是实际上参与自主创业活动的学生占比较低，约为 3%。由于创新创业大环境的氛围还未完全形成，计划经济体制的影响，大部分学生及家长的就业观念未能转变过来。个人发展的传统价值取向仍影响着学生和家长，我国大学生在考虑未来职业发展的时候，会优先考虑进入央企、国企和事业单位等，其次是考研和出国。这与学校教育注重知识的传授，而忽略了创新创业意识的培养有关，这也使大学生的知识结构与综合素质受到了一定的影响。

大学生还没有深刻地认识和理解创新创业，普遍认为创新创业仅仅是参加

些社会实践或者竞赛活动。在缺乏创新创业知识以及正确引导的情况下，尽管部分大学生有创新创业意向，但无法顺利完成整个创新创业过程。由于社会经验的欠缺，多数大学生在日常生活中做事只凭一时的激情，不但缺乏深思熟虑，还欠缺坚持的韧性。当代大学生比较急功近利，对风险和困难的预判也不足，在遇到挫折时容易气馁，无法领悟人生道路上的真正哲理。大学生虽然有一定的专业知识，但是社会经验相对缺乏，理想主义色彩比较严重，容易纸上谈兵。

（二）高校的创新创业教育较薄弱

目前，尽管部分高校已开办了与创新创业相关的讲座以及职业生涯规划、创业基础等课程，但是开设有针对性的创新创业课程的高校并不多。相关教师只是引导学生找工作，很少主动分析大学生进行创新创业的必要性和迫切性。我国创新创业教育的发展时间、发展程度和西方发达国家相比，存在较大差距。我国大学生的创新创业教育陷入了教育理念不正确、教育对象小众化、创业课程体系不完备、教育资源欠缺的困境，没有真正从整体上开发创新能力培养的内在教育机制。

"面向21世纪教育国际研讨会"首次提出"创业教育"，并表示创业教育为未来的"第三本教育护照"，将其与"学术护照"和"职业护照"同等对待。创业教育是关于培养大学生如何开展自主创业的教育。然而，我国高校师生并未完全接受这种教育理念，大多数人认为其是在大学生就业竞争压力增大的情况下，为提高就业率的功利举措。

人们普遍认为创新创业教育是主要针对有创业意向的学生而开展的教育活动，实质上创新创业教育的目的是使大学生具备在未来开展创新创业实践活动所需要的思想意识和创造能力。我国创新创业教育主要面向高职高专大学生和本科大学生中的小部分，从量上来看，对于庞大的大学生群体来说占比很小。

大学生创新创业意向和意识的培养是一个长期的过程，不应该直到高校阶段才开始，而应该从初等教育阶段开始，贯穿整个教育过程，成为一个系统的培养过程。让学生尽早接触与创业相关的思想，有利于从小培养孩子的创新创业意识，帮助学生规划未来的发展方向。

创新创业教育课程体系不完善，缺乏系统的教学体系。在我国，创新创业教育的课程体系尚处于初建时期，大部分课程是以选修课的形式开设的。创新创业理论课程主要由创业基础、职业生涯规划、就业指导等课程构成，且普遍不分专业背景，整齐划一地开设相同的课程，缺乏有针对性的与专业知识相结合的内容。

创新创业教育的师资力量不足。在我国，高校创业教育的教师多数由学生工作部、就业指导中心等部门的老师转型而来，未接受过系统的创业教育培训，缺乏扎实的创新创业理论知识和实践经验。他们更倾向于使用传统的教学模式，对大学生创新创业思维的引导和培养不足，主张传统的教育理念，不能满足当前创新创业教育的需求。此外，不少高校教师知识结构未及时更新和转变，缺乏对新事物的理解和认同，相应也限制了创新创业教育的开展，不利于开拓学生的思维。与此同时，校企合作缺乏有效的机制，没有系统性地将有着丰富创业经验的创业者纳入师资体系。尽管现在也有不少高校尝试着邀请创业者参与创新创业教育，但未形成制度，缺少长期的规划和顶层设计，并且在创业人员的邀请和创业内容的选择上也存在较大的随机性。因此，高校创新创业教育的发展较为缓慢。其原因主要是高校缺乏创新创业的环境和氛围，对创新创业教育的引导和投入不足，学生的创新创业积极性不高，当学生遇到困难时也没有对其的指导不足，这些方面都不利于创新创业实践活动的成功开展。

（三）大学生家庭的传统就业教育

家庭是孩子的第一所学校，父母是孩子的第一任教师，家庭教育对创业人格的形成起着十分重要的作用。

目前，我国的家庭比较注重学习，不提倡个性的发展。主要是因为当代大学生大部分家长的思想观念较保守，对孩子的教育也缺乏规划，很少要求创新，很大程度上也就影响了孩子的全面发展。大多数家庭对其子女的期望就是毕业后找一份具有稳定收入的工作，能过上安定的生活。因此，大部分大学生的家庭对于学生创新创业的接受程度不高，不愿意让大学生冒险创业。

正是家庭的保守教育，导致大部分学生不敢创业，也不愿意创业，主要是害怕失败，害怕冒险。传统的精神胜利法也阻碍了大学生对失败的反思，精神胜利法表现为达不到目标就否定目标的价值，以及在失败的时候，从肯定自身找理由，否认失败。传统的精神胜利法教育会让大学生错失致胜机会，长此以往大学生将会丧失主体意识，失去实现自我发展的能力。因此，大学生要勇于去尝试，从失败的经验中学会改变，做到总结经验教训，运用新的方法来解决现实的问题。

第三节　大学生创新创业精神培育与能力提升的策略

观察各高校开展大学生创新创业教育的情况，是考查高校是否紧扣时代主题的重要窗口，这个窗口起到了很好的监督作用，也起到了促进的作用。因此大学生创新创业精神培育与能力提升的工作俨然已经成为各高校日常教学与管理工作的重要内容。只有进行精神培育才能够使大学生的创新创业能力得到提升，才能够使大学生带着真知灼见，满怀激情地步入创新创业的舞台，展现自己优秀而又独特的一面，奋力唱好关于创新创业的曲目，吸引大家关注的目光，成为舞台上的"明日之星"。

从目前的情况来看，我国大学生创新创业精神培育和能力提升的目标包括以下几方面：坚持创新引领创业、创业带动就业，主动适应经济发展新常态，以提升人力资本的素质为出发点，努力提升大学生的综合素养，使大学生各方面的素质全面提升；为培养更多的全面型人才不懈努力，着重培养学生敢为人先的求真求异的精神，追求卓越、永不止步的进取精神，敢于承担风险的精神，协同合作的团队精神，一丝不苟的踏实肯干精神，以及毫无怨言、吃苦耐劳精神；优化知识结构，将知识与实践进行结合，培养面向未来的创新型和国际型高水平创新创业人才。高校深知其承担着为国家培养复合型人才的重任，在明确承担的职责后，高校要积极地为企业搭建用人平台，对学生进行深化创新思维的教育活动，通过发扬创新创业文化等具体措施来推动我国大学生创新创业精神的培育工作。

一、扭转观念，助力创新创业精神培育与能力提升

受到早期应试教育模式的影响，目前许多人对于大学生创新创业教育还存在错误的认知，一些家长认为辛辛苦苦供孩子读了十余年的书，孩子接受了十余年的教育，离开大学校园走向社会后，就应该找到一份稳定且安逸的工作。家长有这样的想法是可以理解的。因为教育也是一种投资，家长为了孩子的教育不仅仅进行了精神投资，还给予了经济支持。

所以对于家长来说，孩子毕业后进入工作单位才是明智之选。如果选择了创新创业，就选择了一条具有风险的发展道路，因为没有人能够预知创业是成功的还是失败的，成功固然好，如果失败了，必将满盘皆输，家长的期望与投入的资金将被消耗殆尽。家长有这样的思想必将影响到大学生的职业选择。但是严峻的就业压力首先打碎了家长们的期望，毕业后找不到合适工作的学生越来越多，家长与学生均焦虑不已。所以，他们的观念需要在这时进行扭转，因为创新创业也是一种职业，能够发挥学生所长。只有观念扭转了，学生的底气才会更足，开展创新创业时才不会感觉到束手束脚，自然能够在创新创业的道路上大展身手。

二、兼收并蓄助力大学生创新创业精神培育与能力提升

我国开展创新创业教育的时间并不长，或者说目前仍然处于初期。如果我们还不具备快速发展的实力，就需要将目光放长远，或者投向世界先进国家，将优秀的理念与思路引进来。当然，引进来的理念与观念要符合我国国情与地方特点，不能出现"外来的和尚会念经"的错误思想，将引进来的观念进行本土化的洗礼后，再加以运用。也就是说，我国要将先进的模式运用到我国的创新创业教育中，只有这样才能够为我国人才的成长提供好的平台。既要做好引入者，又要做好两种文化理念的兼收并蓄工作，两种观念的存在并不是矛盾的或者对立的，而是相辅相成、互为依托的，要让漂洋过海来到我国的新思路与新观念在我国的土地上扎根、生长。

三、系统化分析大学生创新创业实践平台

目前，我国高校在大学生的创新创业课题上存在过于理想化、学生激情与能力不匹配、理论与实践连接不紧密的问题。如何为大学生创新创业活动提供一个完整的教育体系和良好的实践平台，成了学校、社会和国家极为重视的问题。

高校要正确认识大学生创新创业活动实践平台体系的现状及暴露出的问题，系统化地转换角度，从构建硬件平台体系出发，形成符合实际的系统化的创新创业实践教育体系。

（一）大学生创新创业实践硬件平台体系

1. 基础设施

创办大学生创新创业基地的目的在于培养大学生的团队精神、创新创业能力。针对大学生这个阶层的特点，基地有必要提供保姆式的孵化模式，为降低其运行成本，提供小面积的办公空间和简易的办公设施，对大学生创办的小微企业提供全程孵化服务。

2. 信息平台

随着社会环境的变化，信息技术在逐步发展，人类已进入信息时代。信息时代的便捷性可以对大学生创新创业产生积极的作用，并提高创新创业实践的系统性、科学性和实用性。

创新创业信息平台既可以根据大学生的实际需求提供有力的支持，又有利于创新创业活动的信息化管理，还可以利用信息平台普及"互联网＋创新创业"理念，提升科技创新氛围。

3. 投融资服务平台

目前资金问题仍然在大学生创新创业过程中客观存在。创业过程充满了艰辛，参与人数较少，且成功率低。

出现这些情况最主要的原因是：融资渠道有限；融资资金总量较小；融资政策具有滞后性。要把支持和服务有效整合起来，建立针对性强的、高效运作

的、系统化的大学生投融资服务平台。

（二）大学生创新创业实践软件平台体系

对大学生开展创新创业活动起着巨大方向性作用的是大学生创新创业实践软件平台。

1. 实践平台的体制机制

大学生的创新创业实践活动，可以是一个实体组织、一个项目，但无论以什么形式来进行，都涉及实践平台的经营体制问题及运营管理问题。

创新创业实践平台的体制机制主要体现在以下方面：高校孵化器的运行机制、通过实践活动实现科研创新的学分确认机制、创新创业实践教育的管理体制等。这些都是我们进行创新创业实践教育过程中需要实施的体制机制，它的研究和应用能够保障大学生创新创业实践平台体系的有效运转及可持续发展。

2. 社会文化基础

我国现阶段整体国情表现为在社会中缺少对创新创业方面的支持和认可，创新创业的文化氛围薄弱，导致大学生在创新创业过程中缺少主动性。大学生的创新创业主动性主要源于社会文化的氛围，这也是创新创业文化建设的基础。

3. 政策支持

政府的相关政策对大学生的创新创业有着主导作用。政府提供的多项有力措施与支持是创业者的"定心丸"，这个支持政策为创业者带来了福音，同样带来了光明和希望，更为创业者提供了融资、开业、创业指导等诸多方面的各项服务和支持。

我国大学生创新创业政策的制度制定缺乏系统性，政策制定的目的具有一定的功利性，政策的普及性和执行、监管力度有待提高。创业政策的制定需要从几个方面去考虑：市场环境、融资启动期的支持政策、目标群体战略等。大学生开展创新创业实践需要具备的条件：良好的投资环境、定期的创业培训、简化创业贷款手续等。上述几项政策均可为大学生的创业保驾护航。

4. 法律保护

大学生创新创业是大学生实现自我价值的一种方法，也是国家实现经济发展、促进社会进步的一条重要途径。但是目前，大学生创业存在政策和制度上的不足、法律缺失等问题。支持大学生创业需要有制度保障，而法律是必不可少的，应该建构适合我国国情的大学生创业法律体系，把法律政策扶持纳入创新创业实践活动体系。

四、大学生创新创业能力提升的优化途径

对于大学生创新创业能力的提升势在必行，那么如何有效提升呢？一般而言可通过下列方式进行。

（一）建设高等级创新创业人才团队

只有拥有一支能力强、素质高、技术硬的高等级创新创业人才团队，才能够不断进行技术革新，提高创新创业团队的综合实力。这是首选的方式，也是必须选择的一个途径，只有这样才能提升创业效率与质量。为了更好地提升创新队伍的整体能力，就要站在全面发展的角度来推进工作，要在现有创新力度的基础上进行拓宽，要形成既有理论依据又行之有效的创新创业模式。同时要在大学生新知识接收和技能提升方面有所要求，主抓综合素质的提升。

（二）确保对创新意识有正确、深刻的认识和理解

在这个创新的时代，如果我们仍然错误地理解创新的含义，那么将无法融入这个时代。

对于大学生而言也是同样的道理，首先要对创新意识有全面而客观的认知，要有正确的理解。这样才能自觉遵守相关指标的要求，不会出现错误的认识，并确保相关环节、流程的标准化。大学生要把树立良好的形象和效益最优化放在第一位。因此，大学生要重视创新意识的培养，实现服务标准化、行为统一化，确保创新后的工作质量，以更好地展现自我价值。

（三）深度开发创新思维模式

深度开发创新思维模式，这是非常重要的一点。此外，还应与新技术联合，并能适应内部、外部业务程序。深度开发创新思维模式，注意解决关键问题，为

创新创业活动注入新的活力。

　　大学生是时代骄子，是能够较快地接受新事物的人群。因为他们的思想活跃、思维敏捷，对于新时代的新事物总有无尽的追求。所以，要保护他们求真求变的思维，在此基础上"润物细无声"地融入创新创业思维，使其过于突兀或者令人措手不及。在融入了创新思维后，要根据学生的理解与接受程度来进一步对创新创业团队成员的创新思维进行必要的深度开发，以此形成先融入后深化的培养流程，使每一位团队成员都能够守正创新，在创业之路上走得更久远。

五、进行大学生创新创业实务指导

　　中国目前的教育模式主要是让学生接受更多的理论知识，把主要精力放在了书本知识上。传统的人才培养模式侧重于课堂上理论知识的教学，忽视了实践能力和创新能力的培养，学生眼高手低。进入大学之后，大学生也习惯于接受这种被动的教育方式。但是社会现实告诉我们，这样的培养方式会让大学生在毕业之后的工作当中严重缺乏实践能力，从而不适应社会环境。部分高校在意识到这个问题后及时地采取了有效的措施，增加了一些提升学生实践能力的平台，实践教学比例逐年增加，以提升大学生的实践创新能力。其出发点是好的，在实际过程中却出现了一些问题。比如虽然设置了一些实践平台，但是这些平台的利用率不高，甚至出现了"坐冷板凳"的情况，一种摆设，只是为设置而设置，背离了建设的初衷。要想全面提升大学生的创新创业能力，就需要将这些不切合实际的"花架子"彻底丢掉，将实实在在能提高学生创新创业能力的方式引进来，只有这样对加强大学生创新创业实务指导才具有现实的意义。

（一）满足企业对大学生社会实践能力的需求

　　企业为了取得长足的发展，需要不断地录用优秀的人才。到高校进行招聘是企业常用的人才录用方式，企业对于人才的要求是既具备理论知识，又兼具实践能力，即复合型人才。曾经那种分数高就能够被录取的时代已经远去。因此，高校需要根据时代需求以及企业所需，为国家与企业输送更多的复合型人才，而不是只有理论却没有实践经验的学生。高校要在校内设置能够提供实践活动的平台，要积极为即将毕业的学生搭建与企业沟通交流的平台，并且要做好学生在实习过程中的跟踪与监督工作，发现为学生提供实习岗位的企业存在问题后，要及时做好沟通工作，确保学生的合法权益。高校要为学生提供适合他们的实习岗位，不能出现计算机专业的学生被安排在文秘岗位的情况，这种"张冠李戴"的错误思想既不利于工作效率的提高，也不利于学生实践能力的提高。只有尽全力帮助学生提高社会实践能力，才能使他们在未来满足企业的需求。

（二）改变理论化的课程设置及单一的评价标准

从目前的情况来看，大部分的高校都存在课程设置偏理论化、评价方式单一的问题。这种培养模式忽略了学生本身的个性化发展，无法培养他们的主动思维和创新创造的意识和能力，不利于激发学生的创新潜能，无法满足当今社会对人才的需求。

值得欣慰的是，我国教育界已意识到了这个问题，并且下定决心解决。所以，在原有课程培养方案和评价标准体系的基础上，需要重新构建便于大学生开展创新创业的教育体系，建立一些具有指导意义的实践平台，将课本中的知识真正地"落地"到实践教育中，而不是仅存在于课本上。同时需要丰富课程的设置，增加评价的方法，使理论与实践相结合，以达到理论知识的学习与创新实践能力的提高互相促进的目的。

（三）激发大学生的创新意识

由于学校的人才培养模式和社会需求之间存在着一定的差距，而且具有创新潜力的人才在学校里往往具有潜在性和复杂性，被挖掘的难度比较大。所以学校应该利用相应的实践手段全面地识别和挖掘具有创新潜力的人才，只有将大学生的创新意识充分地挖掘出来，才能促使他们投入创新创业活动中，否则创新创业活动将永远是一种停留在书本层面上的理论知识。而激发大学生创新意识的方式有很多，"现身说法"的形式是高校最为常用的一种。邀请毕业于本校的已经投身于创业的校友，与学生进行面对面的交谈，让其讲述自己的创业动机以及创业过程中遇到的困难和如何解决问题，以自己的亲身经历激励大学生进行创新创业。这种直面交流的方式更具有说服力，能够让学生感觉十分真实，并且学生能够在与校友的交谈中获取自己想要的"干货"知识，使自己与成功企业家之间的距离不再那么遥远。通过这种活动使成功的企业家不再仅存在于名人访谈录或者企业家传记中，而是成为实实在在的能为大学生带来影响的身边人。此外，高校还可以通过在校内举办大学生创新创业比赛来进一步激发他们的创业意识。在比赛中会有一些优秀的具备创新思维的参赛者脱颖而出，高校要对这些学生进行针对性的培养，并且要通过他们的影响力来带动同学们参与到创新创业活动中来，形成互帮互助的良好氛围，使学习气氛越发浓烈。与此同时，学生之间也可以增强友谊，真可谓一举两得。即使在未来，大学生并未走上创业的道路，但是这一段经历也会令他们难忘，对于他们在其他领域的发展也是大有裨益的。

综上所述，通过多种手段对大学生创新创业进行实务指导是非常有用的，学生可以通过实践来巩固和扩展专业知识，激发学生的创造力，同时对挖掘出具有创新潜质的人才也具有重要的作用。

第六章　大学生创新创业教育模式实践路径

第一节　大学生创新创业教育教学的常用模式

教育部早在 2002 年 4 月就针对高校创新创业教育试点，给予经费与政策上的支持，引导试点高校对我国大学生创新创业教育的基本方法与发展模式进行积极的探讨。

一、中国人民大学：将创新创业教育融入素质教育

中国人民大学的创新创业教育课堂教学已经形成了自己的特色，这和北京航空航天大学以增长创新创业知识、提高创新创业技能为重点的创新创业教育存在差异，也和上海交通大学的综合式创新创业教育有所不同。中国人民大学实施的创新创业教育将学生整体能力素质提高作为重点。这种创新创业教育是把创新创业教育融入素质教育中，重点是对学生创新创业意识以及构建创新创业所需知识结构、完善学生综合素质的强调，把第一堂课和第二堂课结合起来开展创新创业教育。

（一）第一课堂

和其他大多数的试点高校一样，中国人民大学的创新创业教育主要依托公

共选修课的形式，目前还处于起步阶段。在这种情况下，中国人民大学对教学方案进行调整，加大选修课程的比例，让学生自主选择空间得到拓宽，并且开设了企业家精神、风险投资、创新创业管理等一系列创新创业教育的课程，对教学方法进行改革，提倡参与式教学，对考试方法进行改革等，其导向就是鼓励学生的创新思维。

（二）第二课堂

在第二课堂方面，鼓励学生创造性地投入各种社会实践活动和社会公益活动。利用创新创业教育讲座以及各种竞赛活动，建立起以专业为依托，以项目和社团为组织形式的创新创业教育实践群体。

1. "创新创业之星"大赛与学生创新创业园

创新创业之星大赛和学生创新创业园有密切联系，从 2009 年开始每年举办一次创新创业之星大赛，优胜的项目可以入驻学生创新创业园。学生创新创业园是中国人民大学文化科技园的园中园，可以为学生提供项目评估、融资等各种服务。此外，还为每位学生配置一名专业导师，对学生进行一对一的指导与跟踪。

2. 中国人民大学留学人员创新创业园

除了学生创新创业园，中国人民大学还建立了实行企业化管理的留学人员创新创业园，留学人员创新创业园是由中国人民大学和中关村科技园区管委会于2005 年 12 月 16 日筹建的，留学人员创新创业园不仅属于中国人民大学，也是中关村的一个重要组成部分。

中国人民大学留学人员创新创业园，吸引了很多学有所成的海外留学生，为留学人员提供了创意孵化及技术转移基地，对培养具有国际视野、拥有国际竞争力的复合型人才具有重要意义。

中国人民大学是以人文社会科学为主的重点大学，也是文科类院校的典型代表，中国人民大学在文法哲等诸多领域具有国内领先水平，在管理等学科的建设上也具有很大优势。

二、北京航空航天大学：实践型创新创业教育培养模式

现阶段，在创新创业教育的模式上，北京航空航天大学已经探索出一条比较成熟的道路，其主要的特点体现在以下几个方面。

（一）加强对学生创新创业意识的培养

北京航空航天大学创新创业教育中心主任张林指出，虽然创新创业能力与创新创业经营管理的能力和学历并不是一种正比的关系，但储备相关的知识可以为创新创业打下坚实的基础。因此，北京航空航天大学对学生创新创业意识的培养格外重视，不断激发学生创新创业的兴趣，让学生从意识上进行转变，这就需要不断积累相关创新创业知识，特别是对风险防范知识的积累。

科技创新创业是本科生的一门公选课，也是开设最早的创新创业类课程。这门课程注重实际运用，对学生的创新创业意识以及创新创业兴趣进行重点培养。科技创新创业这门课程的讲课教师大多是北京航空航天大学产业集团的管理者，这些管理者都具有丰富的实践经验。课程结束之后，学生需要提交一份创新创业计划书，如果项目可行则会得到 3 万元的创新创业奖金。

在讲座方面，北京航空航天大学创新创业管理培训学院也开设了创新创业讲堂，并邀请企业家与北航创新创业校友开办讲座，利用企业家的实践经历，丰富学生的创新创业经验，让学生近距离接触创新创业。

（二）弥补社会创新创业导师、学校创新创业师资缺口

创新创业教育发展的一个瓶颈就是创新创业教育的师资。创新创业教育师资力量短缺的一个主要原因就是创新创业教育对教师的要求很高。一方面要求教师必须拥有深厚的理论基础，另一方面要求教师具有相关的实践经验。

在北京航空航天大学，创新创业管理学院的兼职老师、学校就业中心老师以及校办企业的企业家等是创新创业教育主要的师资力量，与学生的需求相比，存在着很大的缺口。所以在 2003 年，北京航空航天大学开始邀请社会上比较有名的企业家担任学校的创新创业导师，企业导师都具备一定的创新创业经验，可以为学生的创新创业实践提供指导。

与此同时，北京航空航天大学作为创新创业教育培训基地，经常会有创新创业教育的专家来学校开办学术讲座，比如创新创业教育骨干教师高级研究班、创新创业教育师资培训等，因此，可以将其作为补充师资的一种方式。

（三）科技成果产业化——北京航空航天大学科技园

北京航空航天大学国家大学科技园自 2000 年成立以来，取得了不菲的成绩。园区有 5 个专业孵化器、1 个学生创新创业园以及 1 个留学人员创新创业园。通过支持与促进校内科技成果产业化，对创新人才进行培养，使其成为孵化高新技术企业和培养高新技术企业家的基地，这也是北京航空航天大学科技园办园的宗旨之一。目前，吸引了国内外很多高科技企业入驻，包括金山软件、用友软件、中星微电子、福建富士通等公司。

为了让创新创业者的整体素质得到提高，确保创新创业者知识的与时俱进，让创新创业者的实践能力进一步提升，让大学与企业的文化进行融合，北京航空航天大学科技园于 2001 年成立了北京航空航天大学创新创业管理培训学院。其开展的培训主要包括三个方面：创新创业与管理创新方面的培训、高新技术技能培训和科技园内部培训。这不仅可以让创新者的知识及时得到更新，而且针对园区工作人员的内部培训，可以为创新创业者提供更为完善的服务。

此外，北京航空航天大学科技园还为入驻企业提供人事代理、人事培训、财务咨询、法律服务等服务，并且对各类高科技软件、企业留学生创新创业企业也有相对应的平台，及时进行国家相关优惠政策的更新与发布。

三、上海交通大学：开创"一体两翼"新模式

上海交通大学是我国较早开展创新创业教育的一所院校。2001 年开展创新创业教育以来，上海交通大学在创新创业教育上不断突破，形成了综合性的创新创业教育模式，不仅重视对学生理论知识的培养，而且为学生提供了资金与技术上的支持，其创新创业教育在很多方面都极具特色。让创新融入交大学子血液中，让创新创业成为交大学子生命中的一种力量的迸发，这已经成为全校的一种共识，创新创业学院于 2010 年建立伊始，就形成了以创新创业学院为载体，以

"面上覆盖""点上突破"为两翼的新的创新创业教育模式，对学生的创新意识与创新创业能力进行培养。

（一）"一体"：以创新创业学院为载体，打破旧体制

上海交通大学于 2009 年开始进行创新创业学院的筹备，利用无形学院、有形运作这种新模式，以全面系统的创新创业素质教育为核心，对完整的创新创业教育、训练、孵化链等进行构建。创新创业学院于 2010 年 6 月正式设立，并于 2010 年 12 月举行了首届开学典礼。

创新创业学院将来是面向全体学生的，通过开设通识课程对学生的创新创业精神、创新创业品格进行培养。与此同时，对具有强烈创新创业意愿的学生，开设针对性的创新创业课程，聚集各种资源，培养大学生创新创业的种子选手。

创新创业学院每年计划招收 50 ～ 60 名学生进行针对性的培养。第一届创新创业学院一共有 54 名学生，这些学生都通过了初试、复试，并且提交了 2000 字左右的创新创业设想、创新创业方案以及相关社会实践的材料，由学校进行在线测试并经过综合评定。入选的学生没有专业的限制，第一届学生中，有的来自机械与动力工程学院、软件学院，有的来自医学院和理学院。创新创业学院只是一个无形的学院，它不改变学生原有的学籍和院系，因此创新创业教育成为现有专业的有效补充。

2010 年 11 月开始，创新创业学院的学员开展了多种活动，包括开学典礼、体验式培训，并且到江阴、如皋等地进行实地调查访问，也到中南大学进行访问，并开展班级建设。创新学院注重国际化，与百森商学院、麻省理工学院的斯隆商学院也有合作。学院开展许多丰富多彩的活动，学生也可以在实践中获得知识。

（二）"两翼"："面上覆盖"与"点上突破"

根据学生的不同需求，上海交通大学进行了分层次的创新创业教育。对大多数学生来说，提升了其创新创造能力，并将此作为学校的育人目标。对于那些具有强烈创新创业意愿与创新创业能力的学生，学校必须对其进行重点培养。这种教学模式就是"面上覆盖"和"点上突破"的具体体现。

"两翼"之中的"面上覆盖"，指将创新创业理念融入专业教育中，进行通

识教育。而"点上突破"，则是指在创新创业学院之内，对学生的创新创业能力进行重点培养，让学生成为未来的产业巨子，也就是说采取不同的教育模式对不同的学生进行培养，这对推动交大的创新创业教育发展具有重要意义。

1. "面上覆盖"：融入专业，进行通识化创新创业教育

上海交通大学面向全体学生开展创新创业教育并开设了创新与创新创业的通识课程，与此同时，也开展了交大创新创业计划大赛、大学生创新计划等活动。

（1）创新与创新创业课程。上海交通大学于2007年率先开设了创新与创新创业课程。这一课程主要分为创新与创新创业教育大讲堂、小班化专题辅导和团队创新创业计划大赛三个部分。上海交通大学通过对资源进行有效的整合，进一步提高了学生的创新创业意识与创新能力。

学校创新创业教育的通识课程，就是创新与创新创业大讲堂，学校会邀请具有创新创业经验的企业家来为学生讲述创新创业经历，像联想、新浪等知名企业的高管都曾到创新与创新创业教育大讲堂为学生授课。

小班化专题辅导的目标就是完成商业计划。在开展创新与创新创业教育大讲堂的同时，不同专业的学生会被分成若干个小班，每一个小班都是在班主任助教的带领下进行团队辅导，让自己专业的特长得到充分发挥，进行思维的碰撞。其课程内容主要包括团队拓展、企业家精神、商业计划以及创新创业融资等。小班化专题辅导是创新与创新创业教育大讲堂的一个补充和深化，其教学的重点就是案例分析与实务模拟，帮助学生了解创新创业活动。

团队创新创业计划大赛是创新与创新创业教育大讲堂和小班化专题辅导之后的一个项目。在进行小班化专题辅导中，每一个团队都对自己的商业计划进行确定，然后每个班推荐两个团队来参加创新创业计划大赛。最后评委会参考项目的盈利能力、市场占有率等指标，对项目的可行性进行确定，并评定名次，如果这一项目可行，则可以投入风险基金，从而保证这一项目落地实施。

（2）创新创业计划大赛。上海交通大学于1999年成功举办了第一届创新创业计划大赛。如今这种创新创业计划大赛在我国的各大高校都可以看到。上海交通大学已经举办了13届创新创业计划大赛，并且受到学生的一致好评，每年都会有 30 多个团队来参加。截至目前，参赛人员超过 1000 人。创新创业计划大赛，通过一系列的评审培训以及辅导，对学生的创新意识和创新思维进行重点培养，为有创新创业理想的交大学生提供了一个展示自我的舞台。

每届创新创业计划大赛所需时间约为 8 个月，主要包括准备、预赛、初赛、决赛等。其间，主办方还会举办组队沙龙、答辩技巧以及专题培训等活动，学生在参加比赛的过程中，不但可以丰富经历，而且可以学到不少知识。

2. "点上突破"：立足实际，培养未来企业家

"点上突破"对专业化的培养比较重视，其主要目标是培养未来的企业家，这就要求学生必须具备强烈的创新创业意愿，对学生的创新创业能力有很高要求，所以"点上突破"更重视实际情况与学生创新创业能力的培养。

（1）资金支持。大学生创新创业的一个难题就是资金。现阶段很多大学生的创新创业资金都来源于亲戚以及朋友，这必然会阻碍创新创业的后续发展，也会让学生在创新创业过程中瞻前顾后，对创新创业的效果产生负面的影响。

上海交通大学鼓励大学生进行创新创业，并在资金上给予一定的支持。比如在创新创业计划大赛中，获取金、银、铜奖项的学生会分别获得 10000 元、6000 元和 3000 元的奖金。如果选手把获奖项目投入实际的创新创业中，那么就有机会获得上海市科技创新创业基金的支持。与此同时，也可以获得江苏江阴高新技术创新创业园的帮助，从而获得孵化资金与孵化场地。

上海市大学生科技创新创业基金于 2005 年在上海交通大学设立了分级基金，由市财政每年投入 1000 万元，学校每年也会投入 1000 万元的配套资金。基金以天使投资的形式对上海交通大学应届的毕业生，在读博士、硕士生进行帮助，不参与分红，资助以两年为期，期满后可以转让股权。

这样的资金保证，可以为交大学生的创新创业打下坚实的基础，也能让学生的科技成果迅速转化为实践成果。

（2）大学生创新创业基地建设。为了让科研成果转变为产业成果，上海交通大学与科技园积极行动。上海交通大学与闵行区人民政府、紫江集团等 7 家股东单位共同集资成立了上海紫竹科技园区，利用校企联动，让大学的人才优势得到充分发挥。紫竹科技园区为进入园区的科研人员提供人力资源、风险投资、中介

咨询、交通运输、娱乐休闲等多种服务。园区依靠人才优势和产业优势，让最大限度降低企业的运营成本，为小企业的发展提供了良好的空间。

上海交通大学的"一体两翼"模式让创新创业教育成为一个有机的整体，在利用各个方面的资源服务于创新创业教育的同时，使理论与实践相结合，利用课堂、比赛以及创新创业的联系，让学生对创新创业进行更深层次的认识，从而为以后的创新创业活动打好坚实基础。"一体两翼"的模式不仅可以为想要创新创业的学生提供专业化的教育，而且可以照顾全校学生，通过开展通识教育，对学生的创新能力进行重点培养，为学生走向社会打好基础。

四、温州大学：传承温州创新创业精神

作为一所地方大学，温州大学从 2002 年开始就走出了一条具有鲜明特色的大学生创新创业之路。把自身办学的实际与地方特色结合开展大学生创新创业教育，并且形成了浓厚的创新创业氛围。多年以来，温州大学深化教育教学和人才培养模式改革的一项重要措施就是大学生创新创业教育，实现大学生创新创业教育本土化，形成了大学生创新创业教育的温州模式，这对创新人才的培养具有重要的意义和影响。温州大学创新创业教育的新做法对我国创新创业教育的开展具有重要意义。

（一）依托温州精神，发挥创新创业教育杠杆作用

1. 传承温州精神，点燃大学生创新创业激情

温州被誉为"创新创业热土"，受永嘉学派"经世致用""利义并重""工商皆本"思想的影响，温州的地域文化营造了浓厚的创新创业氛围。温州人的创新创业精神体现为特别能自主、特别能吃苦、特别敢冒险、特别能创新、特别能合作。温州精神是其经济迅猛发展的原动力，温州大学以温州人的创新创业精神为指导，积极培养大学生五方面的创新创业意识，即自主、吃苦、冒险、创新以及合作，推进大学生自主创新创业。

温州大学关于大学生创新创业的调查问卷显示，温州大学学生的创新创业意识高，温州大学学生的创新创业实践也明显高于其他地区。在温州就业的大学

生也更善于创新创业，特别是从温州高校毕业的温州籍大学生创新创业意识与创新创业热情高涨。

温州这片创新创业热土培育了温州人的创新创业意识和创新创业精神，点燃了温州人的创新创业激情。

2. 打造创新创业学院，提高创新创业素质

在温州创新创业精神的引领下，温州大学不断进行创新创业教育探索，逐步形成创新创业型人才培养的办学特色。

创新创业人才培养学院就是温州大学专门成立的，负责全校大学生创新创业教育教学管理、创新创业实践以及创新创业研究的部门学院。创新创业人才培养学院的目标就是培养具有创新精神、创新能力以及社会责任感的应用型人才，逐渐形成创新创业型人才培养的办学特色。通过开展各种创新创业教育，带动学业、就业、创新创业的教学改革，增强学生的创新创业意识，并对学生的专业知识进行强化，从而让学生的动手能力与适应能力得到提高。

温州大学瓯江学院是一所极具特色的多学科性本科独立学院，学院致力于形成创新创业教育特色，构建"通识＋学科＋专业＋特色"的人才培养课程体系，培养学生的创意思维、创新能力、创新创业素质，是国家创新创业教育人才培养模式创新试验区、浙江省创新创业教育研究基地、温州市文化创意产业园和温州市小企业创新创业基地。

温州大学美术与设计学院以培养高素质、强能力、会创新、能创新创业的综合型人才为目标，采用基础平台、专业平台与创新创业创新平台相结合的教学模式，创新人才培养模式，并成立了创新创业工作室，鼓励学生自主创新创业。

（二）发挥地方特色，构建创新创业教育模式和实践平台

温州大学结合了温州的地方特色，对创新创业教育的模式进行创新。其所坚持的导向就是产业的发展和企业的需求，让区域资源的整合作用得到发挥，对人才培养的特色化和个性化给予重视。在实现了地方高校教育理念转变和人才培养模式创新的同时，对创新创业教育实践的平台进行构建，这就成功地突破了我国大学生创新创业失败率高的瓶颈。

1. 坚持创新创业教育与专业教育相结合

《教育部关于大力推进高等学校创新创业教育和大学生自主创业工作的意见》中强调，应在专业教育基础上大力推进高等学校创新创业教育工作。创新创业教育和专业教育是互相促进的过程，两者是相互渗透和相互融合的。创新创业教育不应游离于学科课程之外，而应依托于学科教学过程的重构，从而使学生学以致用，也使创新创业教育发挥更好的效用。

温州大学根据不同的课程内容和要求，采用三种方式，将创新创业意识、创新创业精神、创新创业能力等方面的内容融入其中。在秉承温州精神的基础上，将"温州模式"放入创新创业教育中，将创新创业透明化，纠正创新创业等于高新技术的错误观念。

与其他高校建立在高科技、技术发明以及创造基础上的学生创新创业教育相比，温州大学所开展的大学生创新创业教育重视鼓励学生发挥专业优势，提倡学生学以致用，让创新创业与专业学习紧密结合；与此同时建立专业创新创业的工作室，搭建创新创业的平台。这是一种具有低成本、低风险、高成功率等特点的草根创新创业模式。例如，温州大学美术与设计学院充分发挥创新创业教育的作用，以专业教育为实践方向，积极创新人才培养模式，鼓励学生参展参赛和自主创新创业。美术与设计学院已经成立了 16 个创新创业工作室，为学生提供了很好的创新创业平台，同时也与多家企业建立了合作关系，帮助大学生走以创新创业促就业之路。

此外，温州大学城市学院基于浙商孵化园为学生的创新创业提供智力支持和物质保障，王天琪同学的创新创业团队获得全国第七届"挑战杯"大学生创新创业计划竞赛金奖；白炳卫同学创立的凯乐斯公司资产规模上千万元，现有员工数十人，获得浙江省十佳大学生最具潜质的"创新创业之星"称号。

近些年来，温州大学也围绕地方支柱产业以及科技开发来推动实验教学的改革，重点强调产学研的深度合作，与地方的需求进行对接，从而打造出 100 多个学生素质拓展社会实践基地，营造出了一种积极向上、健康有序的文化氛围。这种与专业相结合的创新创业教育，可以让学生学有所用，激发学生的创新创业热情，对学生的创新创业能力和创新创业意识进行培养。

2. 构建三级联动创新创业教育实践平台

《光明日报》专门报道了温州大学构建的三级联动创新创业教育实践平台。根植于以自主创新创业为核心的温州经济模式，温州大学构建了学生创新创业工作室、学院创新创业中心、学校创新创业园三级联动的创新创业实践平台。学生创新创业工作室，即学生自己自愿组合、自发组建团队，根据自己专业，成立专业的创新创业工作室；学院创新创业中心，即学院为学生的创新创业工作室服务，在创新创业的过程中为学生提供咨询和指导；学校创新创业园，即对有突出成绩的创新创业工作室提供进入学校创新创业园区孵化的机会，使其更好地发展。

温州大学的三级联动创新创业教育实践平台，给很多学生的创新创业实践活动提供了帮助，让大学生一步一步地走向自己的梦想，比如学校创新创业园区的智能科技服务工作室，其从最初组建到后来进入学校创新创业园区，经历了创新创业教育与创新创业实践的整个过程。

（三）产学研密切结合，支持大学生创新创业教育

1. 充分利用社会资源，开展"双百人才"联动计划

改革开放 40 余年，温州形成了独特的"走出去，引进来"发展模式。与温州发展模式相对应，温州大学的创新创业教育充分利用社会资源，加强产、学、研一体化发展，实行"双百人才"联动计划。

"双百人才"联动计划，即有计划地推动百名教授（副教授、博士）进企业、进社区、进农村、进机关，做企业的顾问，参与创新创业，实现"走出去"；同时也从政府部门、规模企业聘请百名人才进学校、上讲台、做学生导师，指导大学生创新创业就业，实现"请进来"。这样的合作战略搭建了理论和实践的桥梁，形成了校企联盟。

首先，对于学生而言，让学生所学的课程和实践紧密结合，学以致用。与企业家进行深入的交流，让学生的创新创业意识和创新精神得到增强，为以后的创新创业打好基础。企业可以为学生提供更多的实习实验基地，从而为学生搭建就业平台，让学生到企业中去实习，这对学生视野的扩大和实践能力的提高都有

重要意义。

其次，对于企业而言，企业和学校进行合作，可以从学校的人才库中选拔出优秀的人才，进行重点培养。让学校的学科优势与人才优势得到充分的发挥，从而大大提高科研成果转化率。

最后，对于学校而言，校企合作的深化在很大程度上推动了应用型和创新型人才培养。构建多元化的师资队伍，对教师的知识结构进行优化，从而让学校的科研水平得到提升，这样就可以引起社会关注，扩大学校的影响力。

2. 利用温州华侨资源，开拓大学生海外创新创业领域

温州是全国重点侨乡之一，得天独厚的华侨商业资源成为把温州大学生创新创业项目引向海外的重要桥梁和纽带。温州市人民政府侨务办公室主办的温州侨网每年都举办夏令营活动，同时还有参观全国民营企业、建立基地、组织各种比赛和体验海外文化等活动。这些活动为温大学子打开了视野，也开拓了大学生海外创新创业的领域。调动温州丰富的侨商资源，为温州高校在开创本土创新创业教育和海外创新创业实践两个领域提供了机会，建设好与侨商之间的桥梁对实现温州经济的长远发展有深远影响。

3. 加强与外界对接，构建创新创业教育保障体系

在国家与省市创新创业政策的基础上，温州大学进一步加大了学校创新创业教育的支持力度，强化了创新创业实践园区的建设，为学生免费提供设施与场地，并且也加大了对创新创业教育经费的投入。作为一种特色教育，温州大学与外界的对接也逐渐加强，尽最大努力构建创新创业教育的保障体系。

（1）让中小民营企业的优势得到发挥，与园区布局进行对接，温州大学在众多中小民营企业的帮助下，重点建设为大学生服务的创新创业实践基地。尽最大努力争取使用校外的经济技术开发区、高新技术开发区、工业园区等，从而为专业对口的学生建立校外创新创业的孵化基地。

（2）成立校企合作的平台，并打通交流的渠道。温州大学通过建立校友联谊会、校企合作平台等多种渠道对社会资源进行整合，成立创新创业基金，成功地吸引社会风险投资基金、企业家捐助基金等，这就为大学生的创新创业教育提

供了基本保证。

（3）进行高校之间的交流合作，发挥协同作用。温州大学对与其他高校之间的交流合作非常重视，比如与其他高校共同举办创新创业计划大赛、科技创新活动等，并开展丰富多彩、形式多样的课外创新创业教学活动，参观考察创新创业教育工作，让其协同促进作用得到充分发挥。

第二节　高校创新创业教育实践体系建设策略

一、当前高校实践体系存在的问题分析

近年来，我国各大高校纷纷加大对实践基地的建设投入以改善实践教学条件，积极开展实践教学改革，这不仅有效促进了学生实践能力和创新能力的提升，还为实现创新型人才的培养目标奠定了坚实基础。然而，在高校实践教学改革的探索阶段，仍然存在一些问题。

（一）对实践教学的充分认识和重视程度还有待进一步提高

目前一些高校受传统教学模式的影响，重理论、轻实践，重知识传授、轻能力培养，实践教学长期处于高校教学活动中的次要地位。高校的人才培养方案一般以理论课程的知识能力培养为主，以实验环节的实践能力培养为辅。这种实践教学定位和人才培养模式已经难以满足学生实践能力和创新能力培养的需求。实践教学活动一方面能够使学生将理论知识应用到实践中解决实际问题；另一方面能够锻炼学生发现问题、分析问题和解决问题的能力，这些是理论教学难以替代的。因此，高校需要尽快转变教学观念，确立实践教学在创新型人才培养过程中的主体地位。

（二）高校实践教学改革缺乏整体规划

很多高校把实践教学体系构建的重点放在了实践教学活动上，虽然有实验、

实训和实习等多种实践教学环节，且各个环节具有一定的时间保证，但是各环节之间缺乏有效的内在联系和有机结合，这种无序的状态与创新型人才培养目标有较大的差距。实践教学体系作为相对完整的教学体系，具有相对独立性。在建设和实施的过程中，应避免孤立性和片面性，需要紧紧围绕专业人才培养目标，运用系统性思维和整体优化思想指导实践教学体系的构建。

（三）实践教学体系构建需要挖掘与之相适应的环境条件

与高校理论教学相比，实践教学活动的开展需要投入更多的人力和物力，不仅受到实践教学师资等条件的限制，还需要得到社会和企业的支持，操作起来难度较大。在师资队伍培养方面，高校缺乏具有过硬技术和操作经验的实验老师；在实践教学硬件设施的建设方面，实验室建设、设备更新和实验条件改善都需要大量的资金投入，一些有能力的高校虽然建设了实验室，但是缺乏合理的运行和共享机制；校外实践基地数量少，而且有相当一部分稳定性不高，难以发挥最大的效用。

二、实践体系的理论构建原则

实践教学体系的高效运行必须考虑多种要素的相互作用。在综合了创新创业人才培养范畴和实践教学体系特征的基础上，笔者提出了构建实践教学体系过程中需要遵循的一般性原则。

（一）目标性原则

高校实践教学体系的建构必须紧紧围绕培养大学生创新创业能力这一人才培养目标，要把培养既具有扎实的理论基础，又具有较高创新素养和创业潜能的人才作为实践教学体系的出发点。实践教学体系人才培养目标应该根据高校人才培养规格、专业学科特点和发展规律以及社会对人才的需求，进行明确的、有针对性的具体设定。

（二）系统性原则

高校实践教学体系的构建，应该根据高等教育的规律和人才培养特点，按照各个实践教学环节的地位、作用及内在联系，运用系统科学的方法进行统筹安排。实践教学环节的时间安排上要保持连续性，要处理好实践教学与理论教学的关系，合理分配课时，保持整个教学过程的系统性。实践教学与理论教学相互衔接、相互渗透，使体系内的各个环节协调统一，这一原则应贯穿高等教育的全过程。

（三）层次性原则

大学生能力的发展是一个循序渐进的过程。遵循这一客观规律，实践教学体系也应分阶段、分层次逐步深化。实践教学目标要由易到难，实践教学环节要由简单到复杂，实践教学方法要由单一到综合，分阶段、分层次，循序渐进地构建。

（四）实践性原则

实践出真理。对实践教学体系的构建要有利于学生实践能力的培养，主要体现在实践教学目标要符合社会发展和对人才的需求，除培养学生的应用实践能力外，还应注重学生的创新创业能力的培养，以满足学生自主发展的需要。在教学内容上，应突出知识更新的要求，以实践、实训活动为主导，模拟真实的环境来开展实践教学。

三、面向创新创业能力培养的实践体系

（一）实践教学体系的结构

实践教学体系的构建是以实践教学人才培养目标为核心，以实践教学活动为主体内容，以相应环境资源作为支持条件的一个有机联系的整体。所以在构建面向创新创业能力培养的实践教学体系时，将培养大学生创新创业能力作为实践教学人才培养目标，与实践教学活动和配套的环境资源构成了体系中三大要素。这三大要素各有内涵又相互联系、相互促进。

（二）实践教学体系构建的目标导向

创新创业人才培养目标是高校实践教学体系构建的目标导向，也是其核心

前提。这指的是在实践教学体系的构建中，始终把培养学生创新创业能力作为实践教学人才的培养目标，通过实践教学活动提升学生的实践能力、创新素养和创业能力，使学生解决实际问题的能力和综合素质得到提高，德、智、体、美全面发展。

1. 培养学生理论联系实际的能力

实践教学的首要任务就是使学生将理论知识与实践动手能力结合，将课堂教育与社会实践结合。这样，学生在工作以后，就能够学会理论联系实际，充分利用理论知识、指导思想，去观察、处理问题，解决遇到的现实问题。

2. 培养学生发现问题和解决问题的能力

在用人单位看来，现在的大学生发现问题和解决问题的能力并不理想。学生缺乏实践经验，在工作中很难发挥高学历知识教育的优势。因此，应通过实践教学，努力提高学生的观察力、理解力和思考力。

3. 培养学生创新能力，激发学生创业潜能

创新，对 21 世纪人才培养具有重要意义。在不断变化的外部环境中，只有具备创新能力的人才才能发挥举足轻重的作用，为社会发展做出贡献。通过创新能力的不断提升，使学生富有创造力，激发学生的创业潜能，使学生能够开辟新的行业和领域。

高校要依据自身定位，适当调整各学科教学计划，以培养学生创新创业能力的教学理念为指导，突出实践教学体系各环节的连贯性和整体性，完善实践教学内容，积极培养学生的实践能力，以满足新时期学科专业发展对专业人才的需要，力争实现创新创业人才培养目标。

四、实践教学体系构建的主体内容

按照不同的教学目标，遵循实验内容深度的递进、实践技能层次的递进、综合应用水平的递进原则，实践教学活动整个过程分为基础实践、专业实践和综合实践三个阶段。学生可以合理地、循序渐进地安排实践教学活动，将创新创业人才培养目标和实践教学内容落实到各个阶段中，达到对学生实践能力、创新能

力培养的要求。

（一）基础实践阶段

基础实践是专业能力初步锻炼的阶段，对加深理论知识的理解、弥补课堂教学的不足起着重要作用，是专业实践阶段的前提。基础实践阶段主要包括课程实验、社会调查和参观见习三部分，重点培养学生基本技能和基础实验能力。课程实验的教学目标是以理论知识为支撑，使学生具备以操作能力为主的基础实践能力，通过实际操作和应用来发现和解决问题；社会调查指通过实地调查研究，促使学生去验证和解决课程中遇到的理论性问题；参观见习的目的是增长自身专业知识，主要通过老师带团参观与专业相关的校外单位等方式进行。

（二）专业实践阶段

专业实践阶段是在经过专业知识的系统学习，开始把所学知识运用到科研探索中，强调专业实践的重要性，是对学生科研能力培养的有益尝试。专业实践阶段主要包括课程设计、项目实践和专业实训三个部分。课程设计对培养学生提出、分析和解决问题的能力以及初步形成科学研究的专业综合能力起着重要的作用，是巩固所学理论知识的重要途径。学生在课堂上的学习时间有限，不可能完全掌握学科专业知识，所以项目实践环节可以使学生根据自己的特长，选择感兴趣的某一专业项目，在教师的指导下，以项目小组的形式一起学习和研究，通过互帮互学，培养团队精神和融汇多学科知识的能力，培养学生设计实验的能力。专业实训主要采用校企结合的形式，由学校老师和企业老师带队，到实际的工作环境中去，让学生亲身体会未来的工作状态，帮助学生及早地适应工作环境，使其满足行业需求，是连接校内学习和企业需求的桥梁，是毕业实习的一个提前模拟。

（三）综合实践阶段

综合实践阶段主要包括科研竞赛、毕业实习和毕业论文三个部分，重点培养学生综合实践能力和创新能力。在科研竞赛中，学生在学校教师的指导下，参与老师的课题研究、科研立项和大学生创新性实验项目等学术活动，也可以参加本专业的各项竞赛活动等，锻炼学生理论知识与实践相结合的能力。毕业实习是为了让学生尽快进入工作状态，适应真实的工作环境，学生自己到相关企业部门中去，脱离教师指导，学生真正地投入实际工作中，发挥自己的综合能力，解决问题，给企业创造经济效益。学生在毕业实习中，可以积累工作经验，为就业做准备。毕业论文是和毕业实习相辅相成的一项实际活动，毕业论文的主题是学生对毕业实习过程中专业知识的总结和升华，体现了学生的科研能力和创新能力。

五、实践教学体系构建的环境资源

实践教学体系的构建必须有一系列教学硬件和软件作支撑，保障实践教学的顺利开展，这些软件和硬件构成了实践教学体系的资源环境。实践教学体系构建的前提包括条件、环境保障、质量保障等多个方面。

（一）完善实践教学管理机制

适合创新创业型人才培养的实践教学体系必须有与之相适应的实践教学管理机制。包括以下内容：

第一，分级组织管理。高校实践教学管理实行校、院二级管理体制，由学校负责对实践教学制定相应的管理办法和措施，各二级学院作为办学实体负责实践教学的组织和实施。

第二，教学制度管理。大部分高校的学生必须按照专业教学计划，接受与其他专业同学相同的教学内容，而不能自主选择个性化的课程，这样并不利于大学生实践创新能力的培养。完善实践教学制度，需要实行"弹性学分制"，保证学生获得学分途径的多样性和灵活性，促进学生创新能力的最大化发展。

第三，运行评价管理。建立起包括学科专业资源、软硬件条件、校内外实训实习基地等在内的实验教学资源有效利用和共享开放的机制，保证实践教学资源得到有效利用，为实践教学活动的开展提供保障。同时，需要对实践教学的各个环节制定相应的评价反馈机制，利用这种机制来促进实践教学质量的提高，通过评价反馈使实验教学改革的机制对实验教学资源的有效配置与利用起到良好的

大学生创新创业教育理论与实践研究

监督与指导作用。

（二）实践教学基地建设

实践教学基地建设可分为校内实训基地建设和校外实习基地建设两个方面。校内实训基地主要是指面向本校师生，采取校企结合的模式，在校内开设企业培训课程，进行企业模拟实践项目，能体现学校管理和专业特色的实训场所。校外实习基地需要依托来自企业的教师，按照企业生产实践的真实需求，参与学生的校外实习教学环节的管理和指导工作。良好的实践环境是培养学生实践能力和创新能力的基础，所以高校应该以校内实训基地发展为核心，稳定与扩展校外实习基地建设，采取校内与校外共建相结合的思路，为推进高校实践教学改革的基本环境建设提供保障。

（三）高素质的实践教学师资队伍

近年来，很多高校开始认识到，实践教学人员已不再是传统观念中的教辅人员，而是教学活动的主体。实践教师队伍素质的高低直接关系到学生实践能力和创新能力培养的好坏。因此，高校要加强实践教学师资队伍的建设，以适应新的实践教学体系要求，抓好"双师型"实践教学师资培养工作，通过各种培训和培养途径，使教师既具备扎实的基础理论知识、较高的教学水平，又具有很强的专业实践能力。同时，高校要建立完善的考核体系，鼓励教师参加实践教学工作。

第三节 "互联网+"背景下大学生创新创业支持体系构建

一、基本思路与原则

在信息时代，在"互联网+"快速发展的今天，大学生创业遇到了许多困难，有资金方面的，有政策方面的，有技能方面的，还有服务方面的，等等。虽然一些高校开展了大学生创业培训，但是仅靠这些是不能很好地为大学生成功创业服务的。支持、服务高等学校毕业生创业是一项系统的工程，需要一个完整、成熟的教育服务支持体系。我国尚未形成一个完整的创业支持体系，而在发达国家尤其是美国除了有先进的创业教育体系和完善的理论支持，还有一套比较系统、完善的支持大学生创业的政策，为大学生创业提供了有力的保障。因此，我们可以借鉴发达国家的经验，结合我国大学生创业服务体系的不足来完善创业支持体系。完善大学生创业体系是一个漫长艰辛的过程，绝不能为了求快、求方便而照搬、照抄，忽视我国的具体国情。我们应该本着实事求是的原则，吸收他国经验，在实践中不断完善大学生创业体系，以切实保障和落实大学生创业相关服务工作。

二、大学生创业支持体系的构建

应建立一个以家庭、社会、国家为基础的，适合中国国情，符合大学生当下要求的，较为全面的创业支持体系，以帮助大学生更好地认识创业的方方面面，帮助大学生克服在创业过程中遇到的困难，全面支持、鼓励大学生充分发挥自己的主观能动性、创新思想、突破自我、积极创业，为展现我国大学生自身的真正价值、促进我国经济快速腾飞而努力。

（一）构建完善的创业政策支持体系

我国自改革开放以来，经济增长速度始终保持在 10% 左右。在这样良好的经济环境中，存在着巨大的创业机会。然而，我国现行的市场经济体制仍然有许多不完善的地方，如果一味地像美国一样靠市场去主导，那么初出茅庐的大学生创业势必会举步维艰，从而影响大学生再创业和其他大学生创业的信心和积极性。我国政府和社会组织应该从各个方面制定一系列政策和措施来鼓励大学生创业，方便大学生创业，保证大学生创业，使大学生企业真正成为我国经济前进的重要力量。

1. 创业鼓励

政府、高校和社会组织在制定各项政策鼓励大学生创业的同时，要让尽量多的大学生了解和知道这些政策的存在。以前的情况往往是政策虽在，但无人知晓，有些大学生会因此放弃创业的念头。社会各界应该通过各种媒介深入宣传鼓励大学生创业的基本政策和措施，让广大有潜在创业想法的大学生通过了解这些鼓励政策来产生心灵上的共鸣，从而将创业理念转化成创业现实。同时，要深入报道大学生创业成功的典型案例，树立创业者在大学生心中的典型形象，营造一个十分轻松、友好的创业氛围。社会各界也应该加强合作，开展一些适合大学生创业的社会活动，给予大学生创业奖励，增强他们的创业积极性。

2. 税费减免

政府和社会各界要方便大学生创业，就要在税费上下功夫，简化大学生创办企业和企业运营中的各项程序，减免相应的行政管理费用，减轻大学生企业的负担，同时在各项税收中给予大学生企业更高比例的优惠。

3. 技术支持

大学生企业在创办后很可能会遇到一些核心的技术问题而阻碍其进一步发展，这时候政府需要出台相关的法律法规保证大学生企业核心技术的获得，特别是要求国有企业和知名企业在条件允许的情况下尽量和大学生企业进行技术交流，在技术层面给予大学生企业一定的援助。而高校的科研力量也可以成为帮助大学生企业改良技术的有力平台，像日本经济产业省那样将高校老师和同学的科研成果转化成产品。同时大学生企业在产品获利后可以反哺学校的科研力量，进一步提升高校的科研水平，从而形成一个教学—科研—产出的良性循环。

4. 项目支持

大学生企业在创办之初尽管有好的发展前景和运营模式，如果没有好的项目，不能盈利，仍然不能长久地生存发展。大学生刚刚毕业，必然没有足够的关系网和社会网，市场渠道的不畅也会导致大学生创业的失败。政府和社会组织应该正确、合理、积极地引导，分配一定比例的政府采购项目和社会采购项目给大学生企业，帮助其顺利拿到订单。

（二）构建完备的创业教育支持体系

高校作为大学生创业前期理论学习的基地，对于培育大学生相关的专业理论知识、创业基本技能以及大学生的艰苦奋斗、持之以恒、敢于创新的企业家冒险精神有着十分重要的作用。我国政府对高校的创业教育十分重视，1998 年 12 月教育部就颁布了《面向 21 世纪教育振兴行动计划》来构想适合我国国情的高校创业教育，教育部高教司于 2004 年确定了清华大学、中国人民大学、武汉大学等 9 所高校作为创业教育的试点学校来实施创业教育。然而由于各种因素，这些举措都没有很好地执行和推广下去，导致我国大学生创业积极性不高，创业理论知识储备不够，创业者基本素质没有得到很好的锻炼。创业教育是成功创业的重要因素，有必要大力开展创业教育，为大学生创业奠定理论基础。

1. 纳入学分

高校要把创业教育纳入学分，使创业教育成为与专业课一样的必修课，使尽量多的大学生接触到高校的创业教育。对创业教育任务进行评估也会使高校的创业教育更加灵活丰富，各种创业技能、创业培训和创业活动的开展都将是大学生拿到学分毕业的必要环节。将创业教育纳入学分是高校进行创业教育的有效前提，有利于创业教育的普及。

2. 课程设置

在成功将学生拉到创业课堂后，如何让参加创业相关课程的大学生保持兴趣、积极投入从而真正掌握相关的创业理论、创业想法就成了高校创业课程设置所要关注的问题。课程设置的核心问题一方面是在各个高校的各个特色专业和相关专业开设渗透性的创业课程，使类似于化工、机械、生物等理工科的专业和法律、文史、会计等文科性的专业都有可以创业的切入点，并能够有机地结合文理专业，使学生和老师能够充分地交流，释放全面、特别的创业理念；另一方面考虑到绝大多数大学生更在意的是创业相关课程的内容和形式，因此，可以摒弃以前传统应试教育老师讲课、学生听课的死板模式，借鉴如美国百森商学院的圆桌会议、麻省理工学院的创业课程试验、斯坦福大学的模拟商业谈判等创业课程形式，使学生充分地了解和模拟今后的创业流程，并在此过程中灌输相关的创业知识，使学生在模拟试验中自觉地克服创业困难，培养冒险精神和创业品质。这不仅仅使高校的创业相关课程更加灵活、生动、有趣，也起到了培育大学生创业者素质的作用。

3. 创业竞赛

美国百森商学院和德州大学奥斯汀分校于 1984 年在高校内首次开展创业计划大赛（Business Plan Competition），后来美国的多所高校如纽约大学、斯坦福大学、芝加哥大学等都开展了类似的创业计划大赛来鼓励大学生创业。我国清华大学于 1998 年开展"清华大学创业计划大赛"，之后开展了"挑战杯""求实杯"等多项创业大赛，并取得了一系列成果。

（三）构建强有力的创业资金支持体系

企业的创建、运营、维系都需要资金，资金链状况对于一个企业正常发展有着相当大的作用。资金困难是大学生创业的第二大难题，只有通过各种渠道引入资金，才能支持大学生将创业构想转化成创业成果。因此，建立和完善以家庭、学校、政府、社会为基础的资金支持体系对于大学生创业有着极其深远和实质性的影响。

1. 家庭支持

从对大学生创业基本状况的调查来看，超过 70% 的大学生的创业原始积累，基本来自家庭、亲戚、朋友。这一方面说明在现行的金融市场上，想要通过商业信贷来支持创业还十分困难；另一方面说明相关的法律法规和支持大学生创业的资金政策还不完善，亟待出台。家庭资金支持除了指大学生的自有资金和通过亲戚朋友的帮忙所获得的资金和物资，还包括家庭对于大学生创业的精神支持。精神支持是指家庭成员赞同大学生的创业行为，这能够减轻大学生毕业后对其成家立业、赡养父母等经济负担的精神压力，能够容忍创业所抛弃的机会成本和创业失败的损失，这相当于减轻了大学生创业负债的压力。这两方面对于大学生创业初期生理和心理的压力有极大的缓解作用。

2. 学校支持

高校的资金支持可以有效地减轻大学生创业的时间成本，缩短创业周期，使大学生在高校内专心于理论知识的学习、创业技能和创业品质的培养以及创业计划和创业构想的实施。高校的资金支持可以从三个方面去实施：一是将科研成果商业化；二是举办高品质的创业竞赛进行创业奖励；三是直接设立创业种子基金。我国很多大学设立了创业基金，有力地支持了大学生创业。

3. 政府支持

大学生在创业初期遇到困难时最希望得到高校和政府的援助。政府对大学生创业的资金支持可以从以下几个方面入手：第一，相应的资金政策。除了对大学生创业减免相关的税费，降低大学生创业的门槛、提供相应的资金政策也是很好的减轻其创业负担的办法。第二，银行贷款。政府可以硬性规定国有商业银行设定一定比例的商业贷款给大学生企业，贷款利率在各地做相应的调整，同时建立适合的担保预约制度，保证大学生可以相对容易地进行融资。第三，政府设立创业基金。

4. 社会支持

社会的资金支持主要是指通过市场上的一些民间组织和市场力量来帮助大学生创业融资，这是对大学生创业融资的一个补充。整合各方力量，对大学生企业进行融资援助，具体有以下三个方面：第一，我国的民间非营利组织（NPO）可以联合一些专门的机构投资者对项目较好的大学生企业进行风险投资，这也是国外比较常见的一种投资方式，尽管是带有股权性质的投资，但机构投资者会在咨询、财税等各方面对大学生企业进行援助，这也是笔者比较推荐的融资模式，这一模式提高了大学生企业的存活率。第二，我国民间非营利组织可以组织一些企业来投资与其发展方向相关的大学生企业，作为加盟公司、旗下公司、技术联合等，这可以达到双赢的效果。第三，民间非营利组织直接对大学生企业进行资金援助或者贷款，但是可能由于资金数量小、利率高，所以贷款的大学生需要反复斟酌，这一模式有一定的局限性。

（四）构建完善的创业服务支持体系

助力大学生创业获得成功需建立一套完整的服务支持体系，这为大学生创业起到润滑剂的作用。

1. 创业基地

大学生在获得了创业资金、创业项目之后，往往需要一个固定的场地进行日常的管理、生产、科研开发等，而创业基地，有时候我们也称"孵化基地""孵化园"，就能够满足大学生这样的需求。这种创业基地往往建在大学校园或经济产业园中，能对大学生企业起到很好的辅助作用，为大学生提供共享服务空间、经营场地、政策指导、资金申请、技术鉴定、咨询策划、项目顾问、人才培训等多种创业服务。它们通过集中政策资源、整合社会力量，在创业文化、创业培训、创业指导、创业资金等多方面为创业者提供专业和全面的服务。这些支持旨在促进大学生创业和就业、推动产业振兴、帮助创新人才成长。

创业基地一般划分为四大功能区：创业孵化区、项目展示区、创业培训区和综合服务区。这些区域承担不同职能，共同为创业者提供全面的支持和服务。基地通过政策聚焦，汇聚社会资源，在创业文化、创业培训、创业指导、创业资金等优质资源的支持下为创业者提供最专业、最全面的创业服务。以促进大学生创业带动就业、促进全市产业振兴、帮扶创新人才成长为指导思想，为学生推荐优秀项目，对接创业资金，同时让创业者掌握核心技能，促使创业者快速成长。

此外，创业基地还可以提供场地保障、创业指导、市场推广、事务代理、政策落实等优惠政策。这些基地通过降低创业者的创业风险和创业成本，提高创业成功率，促进科技成果转化，培养成功的企业和企业家。政府投资开发的孵化器等创业载体应安排一定比例的场地，免费提供给高校毕业生。这些措施都是为了帮助大学生创业者更好地了解自己从事的行业信息，确认自己的客户资源，完成市场细分，对自己核心的领域有的放矢，成功创业。

2. 管理服务

创业支持体系不仅要让大学生成功地建立企业，更重要的是让大学生企业健康成长，不断壮大。管理服务水平的高低将直接影响大学生企业的后期存活率和发展状况，对大学生企业的管理服务主要包括以下三个方面：第一，在创业基地、大学创业园等设立专门的管理服务部门，对大学生创业中遇到的法律、财税、会计等常识性问题提供咨询与援助，使大学生创业尽量少走弯路。第二，内部管理方面，要让大学生创业者了解企业的产权结构和现行的企业组织结构，在合理的分配和设计下，避免产生一些不必要的纠纷和问题，从而让企业在创办后良好运转。第三，对大学生企业的相关人员进行再培训。培训的内容不再是创业的相关问题，而是关于行业内的基本问题，包括企业内不同岗位的员工应该承担哪些权利和责任并具备怎样的素质和能力，努力提升企业的核心竞争力，使大学生企业能够尽快做大做强。

三、"互联网+"背景下大学生创业支持体系的对策建议

近年来，从中央到地方，政府对大学生就业创业给予了高度关注，出台了各种措施鼓励和引导大学生就业或创业，这也是一项民生工程，关系每个毕业生家庭的幸福，关系社会的和谐稳定。随着政策效应的产生，大学生创业的热情高涨，这为政府、高校和社会完善和实践大学生创业支持体系提供了实践平台。

（一）"互联网+"背景下创业形势分析

互联网能使创业成为一种生活方式，让创业教育成为一种思维，具有开发性、包容性；利用互联网技术平台可以实现不受时间、空间约束的立体式教育。

1. 政府政策制度体系的支持

随着社会经济的发展，国家越来越重视创业和创新，正在加快改革科技成果产权收益分配制度和转化机制，让科研人员取得更多股权、期权等合法权益，更好体现知识和创造的价值；不断简化创业行政审批手续，降低创业门槛，提高对创业和创新的扶持力度；大力破除技术壁垒、行政垄断的藩篱，营造公平竞争的市场和法治环境，构建支持创业和创新的制度体系。

2. 经济发展的内在需求

大众创业、万众创新是经济增长的新引擎。当前，我国经济从高速增长阶段进入中高速阶段，传统依靠丰富廉价的劳动力发展经济的方式已经无以为继，经济增长动力不足是经济发展最为核心的问题，必须为经济找到新的引擎。随着经济向形态更高级、分工更复杂、结构更合理的新常态过渡，增长驱动力必须由要素驱动、投资驱动转向创新驱动，这既是经济发展的阶段性特征，也是现实选择。

3. 全民创业的文化环境

受过高等教育的年轻人正在成为社会劳动的主力军，他们思想上更开放，更具有国际化的视野，也深受互联网的影响，创新创业文化已经深入他们每一个

人的内心深处。创客文化成为年轻人中流行的文化。随着国家的鼓励和推动，全民创业的文化氛围越发浓厚。

4. 个人价值实现的重要方式

创业创新为每个人提供了一个勤劳致富、实现梦想的公平机会。创业创新正在成为实现个人价值的重要方式。

（二）"互联网+"背景下大学生创业方向建议

1. 利用电子商务线上创业

"互联网+"为大学生创业提供了巨大的、方便的平台，大学生可利用网络平台创业。大学生开店，一方面可充分利用高校的学生顾客资源；另一方面，由于熟悉同龄人的消费习惯，入门较为容易。

2. 利用网络技术、技能创业

大学生群体中不乏网络高手，其身处科技前沿，有近水楼台先得月的优势，新时代大学生创业企业的成功，多得益于创业者的网络和技术优势。有意在这方面创业的大学生可参加一些创业大赛，获得更多的机会，以便吸引风险投资和慈善投资的关注。

3. 利用互联网进行在线智力服务

在智力服务领域创业，大学生游刃有余。智力是大学生创业最丰厚的资本。智力服务创业项目门槛较低，投资较少，比如家教、程序检测、设计、翻译等，一张桌子、一台电脑就可以开业。

4. 连锁加盟领域

据调查，在相同的经营领域中，个人创业的成功率低于20%，而加盟创业的成功率则高达80%。对创业资源十分有限的大学生来说，借助连锁加盟的品牌、技术、营销、设备优势，可以以较少的投资、较低的门槛实现自主创业，比如快餐业、家政服务、校园超市、数码快印等。

（三）"互联网+"背景下大学生创业支持体系对策建议

大学生创业的培育和引导是一个长期的过程，除需要政府、社会等各个方面的共同努力外，更需要充分利用当下互联网经济发展势头，以"互联网 +"思维促进大学生成功创业。

1. 以"互联网 +"为载体构建高校创业教育体系

一是利用"互联网 +"技术构建适合各区域的创业教育课程体系。创业教育课程是创业教育理念的主要载体和实现创业教育目标的重要手段，是创业教育实施的主要途径之一。需根据高校所在区域学生的特点和需要，利用"互联网 +"技术构建立体式、全天候、高覆盖的自助课程体系，如开发专门的创业教育网站，网站涵盖创业经典故事、创业网络课堂等；制作"碎片式"手机软件（App）移动创业课堂，给予一定的流量补贴，鼓励学生随时随地学习创业课程；建立校方创业微信群，让创业者有问题随时得到解答等。

二是基于"互联网 +"技术构建高校创业教育实践体系。创业是一种实践性强的活动，要利用"互联网 +"技术设置一系列创业实践活动，改变传统的实践方式。如构建线上线下创业实践平台、网上模拟创业；校方可利用"互联网 +"技术建立网上大学生创业园，组建虚拟学生创业公司，线上线下实战经营；建立远程创业视频系统，与创业教育专家和创业成功人士互动交流，创业实践活动要突出"创造性、实践性"特色。

三是以"互联网 +"技术为支撑建立高校创业教育评价体系。创业综合素质、创业能力的提高、创业学生的数量等指标不能全面反映创业教育状况的实际，为更好地确定创业教育实施情况和最终效果，需利用"互联网 +"技术建立以创业率、创业成功率、创业教育影响力等为核心指标的创业教育评价体系；建立相关模型，用大数据分析法得出科学结论，以推进创业教育健康持续发展。

2. 强化学生创业教育和指导，培养大学生创业理念和创业能力

在传授专业知识的同时，应将创业教育纳入高等教育的课程体系，改革人才培养方案，使创业教育成为大学生的必修课程，通过系统的知识传授，培养大学生的创业意识和创业能力。在大学生实习阶段，对有创业意愿和创业能力的大学生，高校就业指导部门应及时推荐到大学生成功创业的企业或其他创业型企业中进行学习交流和实习实践，增加大学生对创业的感性认识，积累创业经验，增强创业自信。

3. 为大学生创业提供个性化扶持，提高首次创业成功率

政府部门在简化大学生创业审批程序、放宽对创业的注册资金和场所的限制、减免创业行政收费、落实税收优惠政策的基础上，结合大学生文化水平高、综合素质高、社会经验少的特点，引导其从事与所学专业或兴趣对口的创业项目，将个人兴趣、专业与创业方向结合起来。成立由高校专业教师和创业企业家组成的"创业导师团队"，对刚起步的大学生创业企业进行一对一的帮扶。

4. 大力开展创新创业竞赛活动

社会和科技部门应通过开展"大学生创业创意大赛"和"大学生创新创业分享沙龙"等活动，鼓励和引导大学生将创新创意转化为创业项目，营造大学生创业的良好氛围，并以活动为契机，搭建大学生与创业伙伴及创业投资人的线下沟通交流平台。高校或相关政府部门应针对大学生缺乏社会经验、人脉资源、企业管理经验和销售渠道等情况，结合不同创业大学生的专业优势和性格特点，积极组织多个大学生共同创业，各司其职，优势互补。政府应开展创业实训、模拟运作和孵化培育等公共服务，并鼓励和引入民间和社会力量组织专门的创业指导机构，为创业者提供法律、投资和财会等专业服务。

5. 充分运用"互联网+"新理念，打造大学生创新创业新模式

对大学生创业企业，特别是传统产业的企业，应充分运用"互联网+"新理念，将传统企业与互联网完美融合，走信息化与工业化结合的路子。对于大学生创立的小微科技企业来说，应充分利用互联网优势，为企业打造一个开放式创新平台，采取"众包"模式，汇聚全社会的创新力量，为客户提供个性化的服务和体验，加快企业创新和发展步伐。

6. 基于互联网技术搭建众创服务平台

政府应适应新型创业型孵化平台的特点，简化登记手续，对"众创空间"的房租、宽带网络、公共软件等给予适当补贴，尽量降低搭建平台的成本；让青年人特别是大学生的兴趣与爱好转化为各种创意，通过网上"创客联盟"、网下"众创空间"等平台将其汇聚起来，逐渐把孕育于移动互联、根植于创业草根、适用于创新创意的空间，打造成培育各类青年创新人才和创新团队的空间，在创意

者、创新者、投资人之间实现信息对称、项目对接、资本对接的创新型创业孵化综合服务平台，努力把各种创新创意转变为现实；鼓励科技创业企业充分发挥网上"创客联盟"和网下"众创空间"平台的优势，集中开展技术难题攻关和创新创意研发，这样不仅能降低企业科研成本，而且有利于营造"万众创新"的社会氛围。

7. 借助互联网经济发展势头，引导大学生开展电子商务创业

开展大学生网上创业模拟实训，提高创业人员的操作能力；打造大学生电子商务创业实践基地；积极引导大学生电商企业进驻电商创业园，为大学生电商企业提供电商培训、电商企业孵化和运营的一体化服务；对大学生电商创业实行以奖代补，并对创业初期的小微电商企业实行社保补贴和场地租金补贴。

8. 整合社会创业政策，提高大学生创业的服务保障能力

梳理政府对社会各类群体的创业优惠政策，实现政策的普惠性，放宽对大学生创业的注册资金和场所的限制，落实税收优惠政策；加强大学生创业园建设，建立创业园人才信息库，为园内创业大学生提供信息交流平台；建立定期为创业企业提供与园外企业学习交流的机制，全方位、多层次地为大学生创业服务；依托大学生创业园和创业孵化基地，为有创业意向的大学生免费提供创业指导、创业培训、税费减免、小额贷款等"一条龙服务"，切实提高对大学生创业的服务保障能力。

9. 提供完备的创业指导咨询服务

建立与完善中小企业社会化服务体系是《中华人民共和国中小企业促进法》的规定。中小企业社会化服务体系是以服务社会各类中小企业为宗旨，以营造良好的经营环境为目的，为中小企业的创立和发展提供多层次、全方位、网络化、社会化服务。大学生创业支持体系就是这个网络的一部分。只有构建一个好的网络，才能够提供好的服务。

构建高校学生创业支持体系，一是要树立以人为本的服务理念，从大学生创业的实际需求出发，不断完善和创新服务内容。服务的重点包括：为有意创业的大学生提供创业咨询、创业指导与策划、创业培训等服务；为注册登记两年内的大学生创业企业提供财税、法律、劳保、外贸等代理服务，以及政策与信息服务、管理咨询服务、技术服务、融资指导服务、人员培训服务等。二是鼓励各类服务机构多渠道征集、开发创业项目，建立"创业项目信息库"和"创业者信息档案库"，及时为大学生创业提供服务，帮助大学生掌握基本创业技巧，指导制定创业计划书，规划创业项目，帮助其实现创业。通过多方面的指导，采取多种形式来帮助大学生创业，构建合理的支持服务体系，使大学生能成功创业。

第七章 大学生创新创业教育发展展望

第一节 新时代大学生创新创业教育发展与改革

目前，国家创新创业产业特别是互联网产业作为绿色产业、朝阳产业正在蓬勃发展，服务业等第三产业不断发展壮大，其国民生产总值贡献率越来越高。在这样的大背景下，社会对具有创新思维和创新创业经历的人才需求越来越大。可是，目前高校的创新创业教育还不能与社会需求紧密结合，针对经济社会发展需要的大学生创新创业教育方面的理论研究滞后，创新创业型人才培养迎来了巨大的机遇。因此，研究高校大学生创新创业教育模式，并进行针对性的创新创业教育十分必要。

一、大学生创新创业教育的开展现状

（一）大学生创新创业教育的内容和形式

大学生希望创新创业教育的教学内容更注重人际交流和沟通技巧，并能学到市场营销、企业经营与管理、创新创业机会和环境分析等相关知识。在获得创新创业教育的方式方法方面，大学生都希望通过参加创新创业指导课、浏览创新创业指导网站的方式获得创新创业知识。但是，高校进行个性化咨询、辅导较少，说明高校相对缺乏针对个体的创新创业教育指导工作。大学生是有个性的一代，高校应该具体问题具体分析，为大学生开展针对性的创新创业指导，提高大

学生创新创业的质量。

（二）大学生创新创业教育的实践环节

大学生创新创业教育缺乏实践平台是普遍存在的问题。当前，大学生创新创业教育没有专家的指导，也没有形成系统，专业教育与创新创业教育脱钩，而且大学生自身也不够重视。高校应搭建创新创业教育实践平台，让大学生在实践中感悟、体会，提高大学生的创新创业能力。创新创业教育要与专业教育相结合，要具有针对性、可操作性。如今，外部创新创业环境越来越好，大学生本身也应该重视创新创业教育。

二、大学生创新创业教育改革的路径探索

（一）从全员化、全过程化、全方位化教育中寻找突破口

大学生创新创业教育必须实现全员化、全过程化、全方位化，从"三全"教育中寻找突破口。高校需要建立全员性的创新创业教育管理体系。从校领导到普通教职工，都需要关注大学生的创新创业问题，关心和帮助大学生顺利创新创业。各级领导和教师可以积极主动地参与到大学生创新创业工作中，将平时的工作向创新创业教育工作渗透。全过程化就是要把创新创业教育的内容和过程精细化。创新创业教育的重点首先在课堂，建立科学的课程体系尤为重要。在课堂之外，创新创业指导更应该深入实践中，做到创新创业教育过程中教育、指导、服务、管理"四位一体"。同时，课堂教学与课外实践要有效结合。大学生在得到学校指导与服务的同时，也应该得到社会的指导。在对大学生进行集体指导的同时，更要根据大学生的特点有针对性地进行个别指导。高校可以组织大学生参加校园和社会招聘会，走进企业和用人单位参观学习，开阔大学生的视野。全方位化就是创新创业教育实现多样化，将创新创业的普化指导向个性指导转化，对大学生进行分类，并对其开展不同时间段的指导与教育服务。

（二）注重创新创业教育的"六针对"和"六推动"

大学生创新创业教育必须是全方位、多维度的理论与实践相结合的高等教

育。大学生创新创业教育改革应该做到"六针对"，即针对大学生的特点开展，针对大学生所学知识在实际工作中的应用开展，针对大学生发展战略开展，针对大学生人才培养全过程开展，针对具有专业特点的创新创业竞赛开展，针对大学生创新创业组织机构开展。大学生创新创业教育需要做好具有针对性的工作，工作需要个性化、国际化、系统化，打造创新型、实战型、引领型的创新创业教育模式。

大学生创新创业教育要注重全面性，做到"六推动"：要推动大学生创新创业教育学校基础课程的普及，推动大学生创新创业基地建设，推动政府对于大学生创新创业的支持力度，推动大学生积极参与到"挑战杯""创新创业计划"大赛、"互联网+"创新创业大赛等活动中，推动大学生就业与创新创业教育相融合，将社会性创新创业教育引入大学生创新创业教育体系。

（三）设立创新创业教学机构

高校要以国内知名大学的创新创业学院和创新创业班等教学机构为学习典型，成立具有自身特色的创新创业独立教学机构。第一个类型是建立创新创业学院。在学校统筹指导下，重视培养大学生的创新创业意识和创新创业能力，建立创新创业学院，面向全校大学生招生，完成学业后学校发给结业证书，获得创新创业教育学分。第二个类型是开设创新创业班。学校依托管理类、经济类、金融类等相关专业设置创新创业班，创新创业班设置科学、严格的选拔机制，包括心理、能力、兴趣、体能、毅力等测试，培养人才的创新创业知识、创新创业精神、创新创业能力、创新创业心理。邀请包括学校教授、专业教师、企业家、职业经理人、政府官员在内的多行业的校内外人员为创新创业班大学生授课。

以上两种类型的创新创业教学机构各具特色，针对大学生特点，也适合在专业内成立创新创业兴趣小组。为创新创业兴趣小组配备指导教师，以学校创新创业教育平台为依托，开展创新创业教育实践活动。

（四）建立政企校联合办学的创新创业教育体系

政企校合作联盟由政府、学校、企业组成，在联合办学模式下，形成政企校合作的人才培养模式和创新创业教育模式。在政企校合作的模式下，企业和学校共同开设创新创业实践学习班，学校为企业量身定做人才培养模式，为企业定向培养优质毕业生。成立企业冠名的创新创业班也是可行的模式，即在招生和人才培养的过程中，学校、企业、政府可以共同制订招生计划，一起负责专业人才的培养。

如今，我国经济大环境异常活跃，政府对创新创业产业的重视、企业对科技创新的需求、学校对创新创业人才的培养三者不谋而合。这些条件为建立政企校办学联盟打下了坚实的基础。

（五）建立创新创业教育与社会经济联动发展机制

高校加强创新创业教育是国家经济实力不断提升的内在要求，要注重大学生的创新创业教育，为经济社会发展提供智力支持。同时，社会经济保持良好的发展势头，促进了经济事业特别是第三产业快速发展，因此，对于高质量人才的需求增加，这就要求学校提高大学生创新创业教育质量。大学生创新创业教育与社会经济联动发展必须坚持创新创业教育为经济发展服务这一理念。企业特别是服务类企业要与高校建立沟通合作机制，走合作化教育教学之路。

第二节　信息时代大学生创新创业教育新模式开创

众所周知，创新是引领发展的第一动力，在信息化时代，"互联网+"的出现为传统行业的发展注入了新鲜的血液。在"互联网+"与传统行业相融合的过程中，新的产业形式如雨后春笋般出现，彰显出青春的活力，打造了我国经济发展的新引擎。大学生作为极具创新思维与创新能力的社会活动参与主体，在国家引领的创新创业浪潮的指导下，以饱满的热情紧抓机遇，迎接时代的挑战。大学生要想借助"互联网+"时代有效地进行创新创业，只有弄清楚"互联网+"时代究竟为创新创业带来了哪些机遇与挑战，才能有针对性地指导创新创业活动。

一、"互联网+"时代大学生创新创业的机遇

互联网时代的出现催生了诸多的创新创业机会，大学生作为创新创业的主体，在这样的时代背景下获得了诸多的益处。

（一）"互联网+"丰富大学生的创新创业选择

与传统行业的创新创业相比，"互联网+"时代背景下的创新创业选择因其条件和环境的不同而趋向多元化。这一现实背景为大学生提供了多样的创新创业选择。

1. 为大学生的创新创业提供了新的平台

在传统的行业创新创业中，一般的模式是借助规模化的生产来实现产品的生产与制造，并借助多样化的渠道，诸如广告媒体、宣讲等来与消费者相联系，通过物流手段将产品送达到消费者的手中。但是，在"互联网+"背景下，大数据、云计算、物联网等新技术的发展促进了传统行业与互联网的融合，二者的融合为我国产业结构的优化、升级提供了机会。与此同时，也为大学生的创新创业提供了新的平台，丰富了大学生的创新创业机会。2016年的两会政府工作报告也就大学生的创新创业做出了新的指示。在相关的国家政策的引导下，社会、高校等机构发挥自身的主观能动性对大学生的创新创业给予支持，并采取灵活多样的方式吸引更多的大学生参与到创新创业活动之中。这一趋势拓宽了大学生创新创业的领域，诸如农业、食品等。这些领域的发展也为大学生指明了方向，大学生可以依据自身的实际情况，从众多的行业领域中选择自己感兴趣的，借助互联网所打造的基础设施环境和工具来进行创新创业活动。

2. 为大学生的创新创业提供了新的模式

通过对传统的创新创业情况进行分析可以发现，其是以单打独斗这一模式为主的。而在"互联网+"背景下，资源的共享成为新的需求，为了满足现实的需求，联合创新创业成为新的创新创业模式，这也就是通常所说的"互联网+"创新创业模式。"互联网+"创新创业模式一般将互联网作为主要的手段，通过对传统的行业模式的整合，创设出了极具创新性、价值性与高风险性的创新创业

组织模式。在这样的模式下，大学生可以充分发挥自己的优势，实现人生价值。但是需要注意一点，"互联网 +"模式并不是对传统创新创业模式的替换，而是将传统的创新创业模式与"互联网 +"模式融合，在融合的过程中丰富传统创新创业活动，提升其创新创业价值。

3. 为大学生的创新创业提供了新的市场

在传统的创新创业活动中，大学生的创新创业是以实际的市场为载体的，对于一些能力有限、经济条件有限的大学生来说，其无法面对所有的市场，或者说市场的狭小限制了其创新创业活动。而在信息技术的不断发展下，人类社会逐渐走向智能化。尽管在"互联网 +"背景下，大学生的创新创业仍是以市场为基础的，但是在智能化社会，在国内与国外市场的链接下，消费市场正在逐步扩大，且学生可以借助信息手段，搜集到与广阔的消费市场有关的诸多信息，获得极具参考价值的第一手资料。而且，大学生可以借助互联网发现更多的潜在客户，扩大其创新创业市场。

（二）"互联网 +"时代政府为大学生创新创业提供保障

在传统的大学生创新创业活动中，尽管国家鼓励大学生创新创业，但是没有完美的政策体系来支持，这就使大学生在创新创业过程中只能发挥自身的主观能动性，与有关机构、部门进行联系，在这些机构、部门的支持下，寻找自己的创新创业机会。但是，这些机构、部门仅仅是对学生给予支持，没有提供有效的保障，在创新创业过程中出现的问题由学生一力承担。在这样的情况下，大学生创新创业活动不仅受自身条件的限制，而且受外界条件的限制，创新创业举步维艰。

而在"互联网 +"背景下，国家以政策的方式对大学生的创新创业给予支持，甚至是鼓励大学生搭上"互联网 +"的顺风车。并制定了诸多的帮扶政策，为其创新创业活动的开展扫清了障碍。2015 年，我国首次将"互联网 +"写入了政府工作报告，以明文规定的方式将"互联网 +"计划清晰地呈现出来，助力我国电子商务的健康发展，且为电子商务国际市场的开拓提供了支持。与此同时，国家还就大学生的创新创业出台了诸多的文件，像《国务院办公厅关于发展众创空间推进大众创新创业的指导意见》《国务院关于进一步做好新形势下就业创业工作的意见》《教育部关于做好 2017 届全国普通高等学校毕业生就业创业工作的通知》等，涉及诸如创新创业教育、创新创业融资、税收等方面，为创新创业经验不足的大学生提供了便利，引导其创新创业有序发展。

二、"互联网 +"时代大学生创新创业的重要性

"互联网 +"技术的发展不仅影响着社会经济的变革，也为大学生创新创业活动提供了广阔舞台。"互联网 +"既是一种思维方式的转变，也是一种经济模式的变革。《中华人民共和国国民经济和社会发展第十三个五年规划纲要》中提出要"深入推进大众创业万众创新"，落实高校毕业生就业促进和创新创业引领计划，带动青年就业创新创业。"互联网 +"背景下大学生创新创业，就是指大学生利用互联网提供的增值服务获取利益进而获得事业成功的一种行为。大学生创新创业对于我国经济的发展具有促进作用，是我国创新驱动发展战略的重要组成部分。以下将分析"互联网 +"背景下大学生创新创业的重要性。因时而变，随事而制。认清当前大学生"互联网 +"创新创业的基本形势，有助于推动"互联网 +"背景下大学生创新创业事业的蓬勃发展。

（一）有效缓解大学生就业难问题

就业困难问题一直困扰着世界各国，无论是发达国家还是发展中国家都非常重视，我国也不例外。在我国高等教育规模不断扩大的同时，大学生群体的就业压力也不断增加，就业形势日趋严重。

如果大学生就业难问题长期得不到解决，很可能就会从一个经济问题转变为一个敏感的政治问题、社会问题，最终影响到国家经济发展和社会安定。信息就业理论表明，劳动力市场信息是影响就业的关键性因素之一。待就业者获得的信息越充足，掌握的技术越高，就意味着越早实现就业。在"互联网 +"时代，大学生们掌握的互联网知识、互联网技术越多，创新意识越强，就可以越快地解决就业问题。还可以实现创新创业，给社会提供更多的工作岗位。

大学生选择自主创新创业不仅可以解决自身就业问题，同时还创造了新的就业机会。大学生进行创新创业具有很大潜力和发展前景。

因此，鼓励和支持大学生"互联网＋"创新创业，对于激发大学生创新创业活力，缓解大学生就业压力具有重要意义。

（二）大力推动我国经济转型，实现高质量发展

我国必须落实"互联网＋"行动计划，推动创新驱动发展战略，加快互联网新信息技术与经济和社会各领域的融合，提高我国社会经济的整体实力和竞争力。国家互联网信息办公室发布的数据显示，我国互联网经济年均增速达30%，由此可以感受我国互联网企业的创新能力的提高和发展。

随着新一代信息技术蓬勃发展，以互联网为代表的信息技术与传统行业相互渗透、融合，给进入"新常态"的我国经济社会发展带来新的机遇，应抓住这千载难逢的机会，谋求新发展，使我国经济发展速度保持中高速，打造提质、增效、升级版的现代化国家。创新创业是推动人类文明进步的引擎，是社会经济进步的重要驱动因素。"大众创业、万众创新"作为推动经济发展"双引擎"之一，是以"创新引领创业、创新带动就业"的有效方式，是实现新旧动能转换和经济结构升级的重要力量。鼓励和支持创新创业，可以实现我国经济的高效率发展，因此"互联网＋"创新创业成为我国经济发展过程中最具活力的构成。

创新创业者通常走在技术、经济的前沿，他们是创新创业实现市场化和产业化的主要实施者，对于保持我国经济的高品质和可持续发展起到积极作用。大学生是"互联网＋"创新创业模式的重要参与力量，因此，在"互联网＋"背景下大学生进行创新创业，对于实现我国经济结构调整、产业结构转型升级、经济增长保持较高速度具有重要的意义。

（三）促进大学生多样化发展

"互联网＋"创新创业使大学生的人生多了一个选择。在如今环境下，大学生毕业时一般有两个选择方向 —— 就业或者创新创业。就业与创新创业最大的区别就是创新创业的自主权更大，一般情况下创新创业者有权对自己的企业进行经营和管理的，这就使大学生的才华可以得到充分施展。因而，通过创新创业实践可以让大学生锻炼自我，在"互联网＋"时代实现自身的价值。

一方面，"互联网＋"创新创业可以激发大学生自身活力与潜能。"互联网＋"

有助于推动个人思维模式的变革。推动社会进步和经济发展的战略性资源是人才，人才资源才是第一资源。实践证明，在"互联网+"时代，大学生作为最有可能掌握先进科学技术的创新创业人才，作为最具潜力的社会资源，通过创新创业活动，大学生可以充分展示才华，发挥潜能，促进大学生个人的全面发展。因此，在"互联网+"时代要鼓励和支持大学生创新创业，只有这样才能充分激发每一个大学生的活力，充分释放每一个大学生的潜能。

另一方面，"互联网+"创新创业能够激励大学生不断提高自身素质。"互联网+"能够为大学生施展抱负提供更加宽广的舞台。"互联网+"时代要求每个大学生创新创业者结合自身实际，不断吸取新知识、增长才干，在创新创业活动中不断提高自己的综合能力和实践水平，进而提高大学生自身综合素质。

三、"互联网+"背景下大学生创新创业的优化路径

互联网技术的发展虽然给大学生创新创业者带来很多机遇，同时也面临很多挑战。只有动员社会力量共同应对这些挑战，才能提高大学生"互联网+"创新创业的成功率，营造出创新创业的浓郁氛围。

（一）提高大学生自身创新创业素质

外因是事物变化的条件，内因才是事物变化的根据，外因通过内因才能起作用。决定大学生"互联网+"创新创业活动是否成功的最关键、最根本的因素还是大学生自己的主观努力。无论是政府、社会还是学校都是大学生"互联网+"创新创业的外在客观因素或者外因。

1. 提高大学生应对风险的心理素质

良好的心理素质对于一个人的工作、学习、生活都非常重要。由于大学生"互联网+"创新创业经验少，不足以应对创新创业过程中的各种风险。从风险来源的主客观性来划分，可以把风险分为主观风险和客观风险。其中，主观风险是指由于创新创业者的身体或心理素质等主观方面的因素导致创新创业失败的可能性。而客观风险是指其他客观因素导致创新创业失败的可能性，而且创新创业活动整个过程都充满风险，比如项目选择的风险、资金风险、管理风险、技能风

险、资源风险等。既然风险的存在是客观的、不可避免的，不如勇敢地去面对，在实践中学会规避风险，化解风险，取得"互联网+"创新创业的成功。

大学生创新创业者要具备坚定的意志、顽强的斗志和拼搏精神，能够面对创新创业阶段挑战和困难不退却，能够变逆境为动力。因此高校和社会舆论要积极引导大学生正确看待"互联网+"创新创业过程中可能遇到的挫折，把挫折看作一种磨练，认真分析遭受挫折的原因，提高自己对突发事件的心理承受能力。总而言之，良好的创新创业心理素质是大学生创新创业事业获得成功的基石。因此，"互联网+"时代大学生创新创业者必须具有良好的心理素质并且尽量提前做好准备，以防遇到问题时措手不及。

2. 增强学生自身"互联网+"创新创业技能

知识经济时代，知识决定命运。大学生应注重自身创新创业技能的培养和学习，增强自身的知识储备量。创新创业不是碰运气，在面对专业的技术问题或者经营管理出现困境时创新创业者自身的实力和素质会显得尤为重要。因此大学生在学校学习期间要利用好学校提供的学习机会，加强专业知识学习和专业实践指导；大学生还应选取一些辅修课程，比如计算技术、市场营销、法律等，加强对互联网应用的学习以及对其他所需知识的钻研。大学生要充分掌握所学专业知识，因为不管将来是否选择创新创业，为自己打下坚实的理论基础都是非常重要的。

3. 引导学生主动参加创新创业实践活动

在大学生创新创业活动中，创新创业实践是高层次，也是进行高校创新创业教育的目的，可以全面提升大学生创新创业者的综合素质。大学生应该积极参加各种创新创业实践活动，大学生是"互联网+"创新创业的实践主体，需要大学生在"互联网+"创新创业的过程中充分发挥自主意识，紧紧抓住"互联网+"的时代发展机遇。高校应该整合和利用校内和校外资源，从"理论知识+模拟实践+实地实战"的角度为大学生创新创业成功提供条件。但很多高校由于缺少资金投入以及实践基地缺乏导致高校创新创业教学实践无法产生预期效果，无法满足大学生对创新创业实践的了解与接触。再加上教学方式老套、陈旧，难以吸引大学生进行学习，阻碍了大学生创新力、创造力的发挥，难以激发其探索求新的热情。

首先，高校应该鼓励和支持大学生积极参加各类型创新创业比赛，比如"挑战杯"创新创业大赛、大学生创新创业训练计划项目、"互联网＋"创新创业设计大赛等创新创业实践活动。在这些实践活动过程中应充分利用互联网的平台优势搭建创新创业实践平台，通过互联网平台可以实现信息的交换、交流和共享，提高创新创业实战经验。

其次，高校应成立大学生创新创业园区或孵化基地，为大学生"互联网＋"创新创业提供场地、设施、师资、孵化等帮助，真正助力大学生创新创业。随着我国高校创新创业园区或孵化基地的蓬勃发展，国家高校创新创业园区或孵化基地有助于实现创新创业人才培养、高校科技成果转化等，为大学生创新创业初期提供实践平台。实现以创新引领创新创业，以创新创业带动就业，更好地调动大学生"互联网＋"创新创业的积极性，提升大学生"互联网＋"创新创业的成功比例。

最后，大学生在学校学习期间应该尽量抓住机会走进社会进行实践，到企业去做兼职，积累相关管理和营销经验，为自己的创新创业活动做好准备；大学生还应参加各种以"互联网＋"创新创业为主题的微博、论坛、比赛、展示活动等，增加自己"互联网＋"创新创业的实践经验，努力提升"互联网＋"创新创业的综合能力，克服"互联网＋"创新创业过程中遇到的各种挫折和困难，努力实现自我的价值和梦想。

4. 重视创新创业团队的培养

大学生"互联网＋"创新创业过程中还需要注重创新创业团队的培养。马云认为，一个成熟的创新创业团队中要有四种角色：德者、能者、智者、劳者。创新创业团队是指由具有互补性技能，为使创新创业事业成功而成立的共同承担责任的群体。大学生创新创业者应该明确所处的行业类型和自己的能力水平，并据此来确定自己创新创业团队的规模；团队的领导者要注意平衡创新创业团队内部人员的能力和角色，尽量吸纳不同专业背景的大学毕业生来加入自己的创新创业团队。

同时，创新创业团队建设过程中应加强团队队员的协作能力，充分发挥团队队员的互补性作用，实现管理型人才和技术型人才的优势互补，最大限度地激发出大学生"互联网+"创新创业的积极性和创造性。一个成熟的创新创业团队，可以有效弥补个人创新创业经验的不足，团队成员之间彼此分工合作、专业互补、群策群力，不仅可以提高创新创业工作效率，还可以加快创新创业成果孵化，实现大学生"互联网+"创新创业的成功。

5. 准确把握和解读政策

"大众创业、万众创新"口号的提出在全社会范围内掀起了新一轮创新创业热潮。国家要实现经济结构调整、产业转型升级，鼓励和支持"互联网+"创新创业是大势所趋。大学生创新创业必须具备物质、技术、资金、人才、市场等基本要素，只有具备一定的基础条件，又有合适的政策，才有可能顺利实现创新创业。为此，中央和地方政府出台了一系列鼓励和支持大学生"互联网+"创新创业的政策。各大高校也积极响应政府号召，完善相关配套措施，推动大学生创新创业活动的开展。但是根据对部分大学生创新创业者进行访谈发现，很多大学生创新创业者对政府和学校出台的各项政策措施并没有进行仔细解读，有些大学生甚至不知道某些政策的存在，这使得出台的政策并没有发挥应有的政策效应。大学生应该把握机会，拓宽消息渠道，准确把握和解读政府政策，积极利用政策提供的有利条件，推进大学生"互联网+"创新创业事业的顺利开展。大学生要充分利用各项政策资源，就必须对政府出台的政策有足够的了解，避免因为自己的失误或误解而错失事业发展的时机，影响"互联网+"创新创业事业的成功。

（二）加大政府扶持力度

政府作为推动大学生"互联网+"创新创业活动的倡导者，有必要为大学生提供良好的创新创业条件和创新创业环境。

1. 加快信息基础设施建设

政府要加快信息基础设施建设，为大学生创新创业提供互联网基础支撑。信息基础设施是"互联网+"发展的必要的条件之一。2015年7月，国务院印发的《关于积极推进"互联网+"行动的指导意见》强调要"加快实施'宽带中国'战略，组织实施国家新一代信息基础设施建设工程，推进宽带网络光纤化改造，加快提升移动通信网络服务能力，促进网间互联互通，大幅提高网络访问速率，有效降低网络资费，完善电信普遍服务补偿机制，支持农村及偏远地区宽带建设和运行维护，使互联网下沉为各行业、各领域、各区域都能使用，人、机、物泛在互联的基础设施"。

2021 年 2 月 3 日，中国互联网络信息中心（CNNIC）在京发布第四十七次《中国互联网络发展状况统计报告》显示，截至 2020 年 12 月，我国网民规模达 9.89 亿，较 2020 年 3 月增长 8540 万，互联网普及率达 70.4%。其中，农村网民规模为 3.09 亿，较 2020 年 3 月增长 5471 万；农村地区互联网普及率为 55.9%，较 2020 年 3 月提升了 9.7 个百分点。但我国很多农村地区和西部不发达地区信息基础设施依然比较落后，这样不仅不利于大学生"互联网 +"创新创业新兴市场的拓展，还增加了广大农村及欠发达地区开展创新创业活动的难度。因此，政府要进一步加大农村和欠发达地区信息基础设施建设力度，拓展"互联网 + 创新创业"的市场范围，激活欠发达地区创新创业潜力。

2. 健全相关政策和法律法规

政府政策的支持和法律法规的完善，对于扫清大学生"互联网 +"创新创业道路上的障碍起着至关重要的作用。应进一步为大学生创新创业者完善档案管理、税收减免、住房补贴、医疗保险等优惠政策。在减免税收方面，降低创新创业者的初期成本，减少费用的支出，减轻创新创业者经济负担。在档案管理、住房补贴、医疗保险等方面的优惠政策，是为了帮助解除大学生创新创业者的后顾之忧，为创新创业者提供后续保障。另外由于国内互联网发展比较晚，时间较短，法律法规不完善，各种监管机制不完备。

为鼓励和激发大学生创新创业方面的积极性和主动性，根据市场环境的变化和大学生创新创业者的需要，应完善法律法规、监管机制等，并落到实处，确保环境公平。加快法律法规体系建设，为大学生创新创业提供法律保护。新一代互联网信息技术的迅速普及应用，在给人们生活带来方便的同时，违约现象、网络安全和个人隐私保护等问题制约了大学生"互联网 +"创新创业活动进一步发展。互联网产业发展主要依靠市场力量，市场在创新创业资源配置中起决定性作用，对市场起到引导监管作用。

面对因为新事物的出现而导致的法律法规真空或不完善的情况，应制定出台与"互联网 +"发展相适应的法律法规，着力营造适合大学生创新创业的法制环境。积极推进个人信息保护、网络信息安全等方面的立法工作，加强对互联网信息安全的管控、对个人信息的保护，对互联网金融的规范管理，为大学生"互联网+"创新创业营造良好的法治环境，确保"互联网+"时代大学生创新创业活动的顺利开展。

3. 完善与创新创业发展相适应的机制

政府为大学生"互联网+"创新创业活动进一步简政放权，完善市场环境。大学生"互联网+"创新创业过程中困难重重，存在很多风险，所以更需要政府的扶持。中央和地方各级政府一直非常支持和鼓励大学生创新创业，曾多次出台政策鼓励和支持大学生创新创业。但是政府出台的这些扶持政策看起来对大学生"互联网+"创新创业非常有利，实际上存在申请条件高、补贴资金少、生源地限制、审批流程繁杂等问题，导致在实际执行过程中问题多多。

重事先审批、轻事中事后监管的传统计划经济思维依然存在。诸多因素制约了大学生"互联网+"创新创业对于新技术、新模式、新业态的发展需要。地方政府按照中央和国务院的要求，进一步简政放权，为大学生创新创业提供优质服务，要按照"放宽准入、加强管理、优化服务"的思路，制定出台与大学生"互联网+"创新创业发展相适应的机制，优化创新创业环境。

4. 构建良好的创客空间

当前，中央和地方政府已经出台很多优惠政策，为大学生"互联网+"创新创业活动提供了良好的环境。例如，3W咖啡、Binggo咖啡、车库咖啡等创客空间在政府扶持下，为创客创新创业提供便利条件：在创客空间可以直接租用工位，节省成本，帮助创新创业者完善项目创意，帮助创新创业者获得最初的风险投资等。

构建良好的创客空间，打造绿色的创新创业生态，发挥互联网平台企业的龙头作用，形成依托互联网平台的创新创业的新模式。我国的创新创业生态体系不仅需要政策、人才、资本的支撑，还需要创新创业服务业的支撑，为创新创业活动提供必要的指导、咨询等服务，降低创新创业风险。伴随着众创空间的快速发展，众创空间服务能力也不断提升，从最初的单一服务进化到多维服务，着力在横向和纵向上打造全要素创新创业服务生态系统。例如腾讯众创平台，为创新创业者提供了网络空间、工作空间、社交空间和资源共享空间，拓展了创新创业空间。

（三）增强创新创业资金支持

在资金方面，大学创新创业者启动金多数来自父母或亲友以及个人积蓄。资金问题通常是大学生创新创业者的首要难题。

1. 完善金融政策

如今，我国大学生"互联网 +"创新创业活动开展得如火如荼，中央和地方各级政府逐步推进支持大学生"互联网 +"创新创业工作，同时社会和学校要加大对大学生"互联网 +"创新创业项目的资金投入，给大学生创新创业者提供资金支持。

对于没有太多原始积累资金的大学生创新创业者来说，创新创业资金除了部分自己筹集，更重要的是应该获得政府的帮助和社会资金的投入。政府应进一步增强通过提供金融支持来为大学生创新创业服务的意识，鼓励银行为大学生"互联网 +"创新创业提供专业的金融服务；加强与其他金融机构的合作，对大学生"互联网 +"创新创业活动给予针对性的股权和债权融资支持；并设立国家新兴产业创新创业投资引导基金，完善支持创新创业和新兴产业发展的市场化长效运行机制；引导和鼓励众筹融资平台规范发展。不断加大对大学生"互联网 +"创新创业企业的融资支持，为"互联网 +"背景下大学生创新创业创造良好的金融环境。

2. 拓宽融资渠道

大学生应积极争取社会资金和金融资本支持"互联网 +"创新创业活动，吸引风险投资支持大学生"互联网 +"创新创业项目，体现"天使基金"对大学生"互联网 +"创新创业的助推性作用。创新创业投资人往往专门投资一些初创公司，他们中很多人本身也都是从创新创业中获得事业的成功，想要通过这样的方式回馈社会。这样的早期创新创业者可以利用他们的社会影响力、资金、创新创业经验等，给初出茅庐的大学生创新创业者提供帮助，使得大学生创新创业项目继续运行。

（四）不断优化创新创业社会环境

大学生"互联网+"创新创业行为作为一种社会行动，必然与社会有着密切的联系。因此，大学生创新创业者需要来自社会的理解和支持，更有必要充分利用社会各界资源，为大学生"互联网+"创新创业营造良好的社会环境。

1. 提升高校创新创业教育水平

学校应做好顶层设计，加快提升创新创业教育水平。我国创新创业教育与大学生创新创业工作起步比较晚，发展过程中还面临着很多问题。大部分老师并没有接受过系统的创新创业理论教育，甚至没有创新创业实践经历，缺乏创新创业经验，无法对大学生的创新创业活动进行深入指导，无法激发大学生创新创业者的热情，也无法提升大学生创新创业者的创新创业素质。学校应该定期对创新创业教师进行有关创新创业教育工作的培训，通过课程培训扩充教师创新创业知识，从而提升创新创业教师的专业能力。

另外，高校规定的学生课程多为专业课程，有关创新创业方面与互联网方面的课程相对较少，无法满足大学生"互联网+"创新创业的实际需求。师资队伍是创新创业教育课程教学的关键所在，当前，我国高校创新创业教育的师资力量主要来自行政岗位和教学岗位甚至是高校辅导员，几乎没有从事创新创业教育的专职教师。当然有些高校也聘请了成功的创新创业者与企业家担任兼职教师，但是在资金支持、组织协调无法保障，加之聘请的这些创新创业者、企业家很多都缺乏教学经验，教学效果难以满足大学生创新创业者的实际需求。

高校创新创业教育应从教师抓起，从两方面着手：一方面，在教师数量上下功夫——培养专门从事大学生创新创业教育工作的教师；另一方面，要从创新创业教育的教师背景上下功夫——聘用部分有着高等教育背景、丰富创新创业经历的中小企业家当兼职教师，但同时要在组织、资金和制度方面给予这些专兼职教师保障。教育部也曾表示，高校可以聘请各行业优秀人才担任创新创业课甚至是专业课的授课教师或指导老师。高校创新创业教育要加强师资队伍建设，提升教师创新创业指导能力和水平，从存量中挖潜力，将使大学生获得更多更实用的"互联网+"创新创业知识。

2. 合理利用校友资源

校友是高校特有的宝贵资源，在大学生创新创业过程中发挥着重要的示范、反馈和物质支持等作用。校友资源包括财力、社会资源、人才、社会关系等大学生"互联网＋"创新创业过程中所需资源。学生在"互联网＋"创新创业活动过程中，往往初期都是满腔热情，却对如何实行感到茫然，无从下手。这时候创新创业成功的校友的经验分享，将为大学生指点迷津。

学校可以把创新创业成功的校友请进校园，聘请其为兼职教师或者开设讲座，向大学生创新创业者分享他们的创新创业得失和奋斗历程等，激发大学生的创新创业热情，增强大学生创新创业的自信心。校友和学校之间有着天然的感情。有效利用校友资源依靠的正是这种无法割舍的深厚情感，但双方合作过程中仅靠感情维系是远远不够的。

因此，高校应树立主动为校友服务的意识，改变以往的单纯向校友索取资源的方式，应实现学校、校友、大学生创新创业者的共赢，特别要根据校友事业发展的需求做好服务工作，建立起一种相互依赖的和谐关系，打造合作共赢的友好局面。大学生毕业后，校友或者校友企业也可以与有创新创业意向的创新创业者们签订培养协议，这样大学生"互联网＋"创新创业可以直接与企业合作，达到双赢的效果。

3. 发挥企业培养基地作用

企业被认为是除高校以外培养"互联网＋"创新创业人才的第二个重要基地。企业是高校培养创新创业人才的重要支撑，是提高大学生创新创业实践能力的平台，也是创新创业指导教师的培养基地。在大学生"互联网＋"创新创业实践的过程中，需要充分发挥企业功能作用，合理利用企业提供的各种机会，如专业见习、毕业实习等，不断增加大学生创新创业者对于企业运营过程中的管理经验和营销经验的认知，加强大学生创新创业者对于市场需求和社会现实的了解，为大学生自己进行"互联网＋"创新创业活动做好准备。

一方面，大学生创新创业者可以深入企业了解企业的经营过程，感受企业文化和企业氛围，深刻感受企业生存和发展的艰难，了解企业经营活动所需的创新创业精神和创造活力，提升大学生创新创业者"想创新创业、敢创新创业、能创新创业、创成业"的意识和能力。另一方面，大学生创新创业者还应该抓住机会积极参加企业提供的各种创新创业培训，积累创新创业知识，接受企业的专业指导，提高大学生"互联网＋"创新创业的实践能力。

4. 利用互联网平台资源

大学生应充分利用"互联网＋"时代提供的各种互联网平台资源。互联网已经发展成为日常社会的基础设施，渗透到工作生活的方方面面。互联网的普及和应用催生出许多互联网企业，更是衍生出层出不穷的互联网服务。大学生具有极强的学习能力，能够较快掌握互联网知识，可以促进大学生"互联网＋"创新创业事业的蓬勃发展。

政府应从顶层设计上制订国家"互联网＋"战略计划，促进"互联网＋"与经济和社会各领域融合创新，实现"互联网＋"与传统行业的有效联结。通过推动政府信息公开、共享的模式，逐步推进相关信息资源的公开与共享，并将成熟的模式在其他部门及行业推广，最终推进信息资源的共享服务，提升信息资源的可用性、实用性和利用率。

政府还应整合融资平台、扶持政策、信息资源、办公环境等综合性创新创业载体。事实上很多互联网平台都会对各类创新创业者开放技术、开发、营销等资源，可以通过互联网平台实现资源共享，促进创新创业成果转化。因此，大学生"互联网＋"创新创业者应充分利用互联网平台提供的各种资源，促进事业蓬勃发展。

（五）逐个攻克创新创业技术难题

"互联网＋"时代的到来是信息技术创新的结果，大数据、云计算、物联网、移动互联、3D打印等新技术和概念层出不穷。我国目前已经成为全球互联网网民数量第一的国家，在上网人数和上网流量方面手机的使用量已经远远超过了电脑。新一代信息技术的应用改变了人们的生活习惯，饿了么、携程旅游等手机应用已经逐步渗透到人们生活的方方面面，"互联网＋"新技术改变了生活。

首先，大学生要在"互联网＋"时代进行创新创业活动，必须掌握足够的专业知识和技术，因为在面对真正的市场竞争时起决定性作用的因素不是资本而是技术。"互联网 +"新技术的发展使创新创业门槛降低，越来越多的人可以进入这个领域。创新创业者面对激烈竞争的行业，想到的无非就是产品的差异化，但这并不足以在市场竞争中站住脚，大学生创新创业企业必须拥有独特优势，避免可能出现的恶性竞争。大学生应该了解互联网行业未来发展趋势，因为大学生创新创业活动不应该局限于对消费需求的追逐，而应该力求技术创新带来的突破。

其次，大学生创新创业企业必须具有创新性思维并不断提高核心竞争力。大学生创新创业者要利用创新创业思维攻克技术问题，这样才可以为创新创业成功奠定基础。

"互联网 +"时代，是一个充满机遇和挑战的时代。大学生作为创新创业的生力军，依托互联网进行创新创业既有得天独厚的优势，也有广阔的发展前景，给大学生实现创新创业成功提供了机会。机遇与挑战并存，"互联网 +"背景下大学生创新创业同样面临很多问题。政府、高校、社会必须通力合作，让大学生"互联网 +"创新创业成为普遍共识，鼓励和吸引更多更优秀的大学生参与到"互联网 +"创新创业活动中来。提高大学生的创新能力，促进大学生"互联网 +"创新创业事业的蓬勃发展，从而提高我国大学生"互联网 +"创新创业成功的比例，帮助大学生在"互联网 +"时代下实现自己的人生价值，进一步解决我国大学生就业难问题，极大地促进经济和社会的发展。

第三节　基于生态角度的大学生创新创业发展研究

在发展心理学中，美国心理学家布朗芬布伦纳（Bronfenbrenner）提出了生态系统理论，即个体发展模型。他从社会价值角度思考，认为生态系统理论其实是一种共生共存的组织系统，该理论将影响人类行为的环境分为四个层级，从内到外分别为微观系统、中观系统、外观系统和宏观系统。

微观系统直接影响个人的发展，是包容个人的中间组织；中观系统影响微观系统间的互动关系；外观系统是微观系统的一种延伸，间接地影响个人；宏观系统是一种较大的环境系统，如经济、社会、教育、法律及政治等。生态系统理论强调多重环境对人类行为及其发展的影响，试图通过改善人与环境之间的作用，使人的需要与其所处的微观、中观、外观与宏观环境更好地协调互动。

虽然我国高校创新创业教育取得了阶段性的成果，但其缺陷显而易见，纸上谈兵较多，联系实际较少。在剖析国家、区域和企业三个层面的生态模型的基础上，实行一种新的创新创业教育模式，实践证明，这种模式对创新创业型人才的培养有良好的效果。

一、创新创业生态系统的理论透视

（一）基于国家层面的创新创业生态系统

早在 20 世纪 90 年代，产业、政府和大学三者就存在联系。产业作为进行生产的场所，承担最终产品问世的重任；政府作为契约关系的来源，应确保稳定的相互作用与交换；大学则作为新知识、新技能的来源，是知识经济的生产力要素。大学、产业和政府在保留自身原有作用和独特身份的同时，每一个又表现出另两个的一些能力。三者交叉、结合，角色互换多样，多边沟通灵活，由此形成持续的创新流。

创新创业教育不仅仅是知识的转移，国家层面的创新创业生态系统必须重视技能和态度的重要性。在任何领域，成功的关键都是在一次次失败中获得的经验和教训，而政府的作用就在于鼓励和帮助不敢面对创新创业失败的大学生寻找经验和教训，保护知识产权，从而在"政府—产业—大学"合作中发挥重要作用。

（二）基于区域层面的创新创业生态系统

当前创新创业教育主要有三种不同的发展路径：第一，国家制定专门的创新创业教育发展战略，从政策层面支持创新创业教育发展。第二，政府不制定专门的创新创业教育战略，而是将创新创业教育理念、内容、目的、手段等嵌入某一国家战略之中，如教育改革与发展战略、终身学习体系构建战略、经济发展战略等，这体现了更加注重创新创业教育与社会经济发展战略的融合。第三，既不设定专门的创新创业教育战略，也不将创新创业教育融入其他发展战略，而是由政府相关的职能部门通过单独或合作的方式推动具体创新创业教育项目、计划，更加充分地调动全社会的积极性，从微观层面自下而上地形成关注创新创业、参与创新创业的社会氛围，推动创新创业教育发展。

二、协同视角下创新创业教育生态系统的构建

（一）构建创新创业教育的协同培养平台

创新人才全面协同培养平台的构建既涉及高校内部协同，又涉及政校企联动的高校外部协同。

1. 搭建校内教育平台

校内教育平台包括创新创业教育课程平台、校内创新创业实践活动平台、校内创新创业平台、师资建设平台、跨学科协同育人平台等，通过理工结合、文理交融，实施"双学位、双专业、主辅修"制，夯实基础，拓宽口径，全方位、多渠道创建良好的协同育人环境，不断提高学生的社会适应能力。

2. 开展院校协同培养

通过与教育技术学科有影响的国内外高校进行校际合作，搭建院校创新创业协同培养平台，通过学生交换、师资建设、科研合作及教材开发等方式充分实现学术资源共享，实现联合办学模式。

3. 引企入校协同育人

利用企业和高校双方的优势，以"融汇资源，搭建平台，策划指导，扶助成长"为指导方针，致力于汇聚社会、行业、企业、学校的各方资源，通过企业对创新创业团队和创新创业项目的扶持和指导，开展预就业模式的点面协同育人，实现学生创新创业项目与市场的真实对接。

4. 校政合作协同育人

"卓越计划"的实施对"校政合作"的广度和深度提出了更高要求。按照"卓越计划"模式的要求，在既定的体制框架内，"校政合作"要在目标机制、动力机制、运行机制、评价机制四个方面进行创新，从而发挥政府的指导作用。

5. 强化科教协同育人

提高学生创新研究能力。开展科教资源平台共建共享协同育人，实施以研究型、探究式培养为主的培养模式，鼓励大师、学术水平高的教师参与本科教学和本科生创新能力培养。

6. 扩大国际交流协作

拓展学生的专业学术视野。通过专家讲学、师资进修、学习交换、双语授课等多元渠道吸取国外高校的先进经验，提高专业办学水平和质量。

（二）构建"八个四结合"的协同育人生态系统

为实现各个平台的深度合作和有效联动，系统制定卓越创新型人才培养方案和培养模式，在良好的创新创业环境和文化氛围下，拟构建两个"四结合"的协同育人生态系统。

创新精神、创新创业文化、创新创业链条、知识创新创业"四结合"，建设先进创新创业理念，创新创业教育理念关系到创新创业教育的发展方向。现阶段创新创业教育的核心是创新创业精神培养，包括创新创业需求、风险承担、抗挫折能力等心理素质的培养。创新创业教育要培养充满激情的创新创业者，要培养其创新精神。创新创业教育是个系统工程，传统的创新创业教育处于相互割裂的、狭隘的封闭状态，迫切需要形成相互沟通、良性循环的创新创业链。知识在经济社会发展中发挥至关重要的作用，需要将知识创新创业作为创新创业的重要因素。

思维创新、技术创新、自主创新创业、岗位创新创业"四结合"，明确创新创业教育原则，创新创业教育的广泛性与持续性决定了创新创业教育需要坚持思维创新、技术创新、自主创新创业和岗位创新创业结合的原则。思维创新是开展创新创业活动的先导，创新创业教育的根本要素归结于培养创新主体的创新思维能力；创新创业需要技术的支持，创新创业教育的核心在于引领创新技术增加社会价值，将知识转化为生产力；高校创新创业教育迫于就业压力普遍强调自主创新创业，培养新企业的创办者，但从长远发展规划来看，高校创新创业教育应该重视"岗位内创新创业者"的培养，在现行公司体制内发扬创新创业精神，促成新事物产生，从以培养自主创新者为主向以培养岗位创新创业者为主转化，以更好满足岗位职业要求。因此，"四结合"的创新创业教育原则兼顾思维创新和技术创新、自主创新创业和岗位创新创业。

三、将生态学的分析视角引入创新创业领域的可行性

从创新创业的生态学研究视角来说，创新创业活动的发展就像人的成长一样，经历孕育、出生、成长和成熟等阶段，在每个阶段都需要特定的成长环境和资源，创新创业活动自始至终都与外部要素存在相互依存的关系。同时，创新创业活动的发展遵循优胜劣汰的竞争原则，创新创业活动的广泛推进也依托于具体的创新创业环境。因此，创新创业生态系统是由创新创业企业及周围的环境组成的一个动态平衡系统，两者之间相互影响、共同发展。

（一）有生命力的组织活动

基于生态学原理理解创新创业活动的起点，创新创业活动好似一个从孕育到诞生，并且逐渐成长、成熟的生命体。创新创业始于对创新创业机会的识别。在机遇与挑战并存的市场经济环境中，各种信息、各类资源纷扰繁杂，创新创业者在创新创业活动的孕育期必须从复杂的环境中寻找到对自身创新创业活动有利的资源和信息。创新创业者在创新创业活动的种子期需要确定创新创业方向和目标市场，寻找合作伙伴，将更多相关资源引入创新创业项目中，建立企业以作为创新创业基地。创新创业者在创新创业活动的发展期必须根据创新创业方向为企业设定一个总体战略目标和经营模式。当企业经营活动步入正轨后，随着经营规模的扩大，企业逐步进入成熟期，其主打产品已占有一定市场份额，并且为企业创造了可观的经济效益，使企业资金逐渐充裕，企业稳步运作。从孕育到企业发展成熟，在整个创新创业过程中企业必须不断汲取资源，同时，与外部支持要素保持密切的交流，两者相互依存。

（二）具备自我调控调节机制

在整个系统中，一个创新创业群落的发展会影响另一个创新创业群落的发

展，影响并改变创新创业环境，一旦创新创业环境改变，系统中不适应现有环境的生态系统又会进行自我调节，整个生态系统中都在不停地重复这个过程，这种调控特性促使整个创新创业生态系统稳定在一个动态平衡的状态。创新创业群落与创新创业环境经过长期的适应共存，逐渐形成了一套相互协调控制的机制，主要表现在以下两个方面：一是对创新创业群落结构间的调控；二是创新创业群落与周围创新创业环境的相互调控。创新创业环境能影响创新创业群落的成长，创新创业群落也能改善创新创业环境。这些调控机制使群落与群落间、群落与环境间达到一种动态平衡。

（三）拥有开放系统系列特质

创新创业系统与生态系统一样也是一个开放的系统，从创新创业组织到创新创业生态系统、创新创业群落和周围环境都是开放的，外界的各种资源，经过创新创业群落的加工转化，形成最终产品输出给消费群体，从而维持整个系统有序循环。例如，即使功能完备的创新创业园区系统，也无法脱离外部市场系统单独存在，需从周围创新创业环境中获取各类创新创业资源，经过创新创业园区内部的复杂转化，最终形成创新创业成果输送到外部市场。

（四）活动的开展依托于周围环境

生态环境是指在整个生物界中，构成生物生存的必要条件的外部空间，包括大气、水、土壤、阳光及其他无生命物质等，生态环境直接影响生物的生存和发展，进而影响整个生态系统的平衡和稳定。生物的生存和发展有赖于在生态环境中的生物群落，不利的生态环境会阻碍生物生长，甚至会使其灭亡。从这点来看，创新创业环境无疑是创新创业活动生存和可持续发展的必备要素。创新创业环境就是企业的生存环境和活动空间，它决定企业的生存状况、运行方式及发展方向，不同的创新创业环境会衍生出不同的创新创业活动主体，目前许多国家都非常重视创新创业环境的建设。此外，虽然创新创业环境对企业的生存和发展起到一定作用，但并不意味着创新创业主体只能被动地适应环境，与生态系统中所存在的生物与生态环境之间的交互作用一样，创新创业主体也可以通过创新创业环境汲取有价值的资源，并在创新创业环境中成长、成熟，在这一过程中也通过创新创业活动改变创新创业环境，这就形成了创新创业活动与创新创业环境之间相互依存的关系。

四、基于创新创业生态系统的创新创业教育模式实践

（一）基于创新创业生态系统的创新创业教育模式运转中枢

东北大学秦皇岛分校成立了创新创业与风险投资研究所（以下简称创投所），作为一个研究和社会服务机构，创投所自然而然地承担起衔接校内创新创业教育与创新创业生态系统的作用。在创投所的推动下，学校与秦皇岛港城创新创业中心（国家级孵化器）建立了良好的合作关系，并最终促成河北省省级校外实践基地的挂牌。创投所与经贸学院团委合作，开设"企业家进校园"品牌讲座，该讲座每两周举办一次，邀请创新创业成功的企业家进入校园现身说法，从而成为学生接触社会的一个窗口。创投所通过举办企业家培训班，不仅服务本市创新型企业，也成为本市企业了解高校的一个关键通道。创投所每年还组织一次"中国创新创业大赛东秦选拔赛"，鼓励师生合作组建创新创业团队，促进本校科技成果的商业转化。创投所与秦皇岛经济技术开发区管委、我国科技金融促进会合作，即将设立创新创业试验与培训基地，该基地将架起政府、企业、高校三者合作与互相促进的桥梁。

（二）基于创新创业生态系统的创新创业教育模式的表现形式

由大学生创新中心、经贸学院与创投所通力合作打造的"创新型企业商业计划路演大赛"是秦皇岛分校嵌入创新创业生态系统的创新创业教育的主要方式。它是真实的创新型企业设计的比赛，吸引了众多风投机构的参与，为创新创业生态系统和学校的创新创业教育注入了新元素，成为政府、企业和高校结合的完美典范。

该大赛对学生培养的效果非常之好：第一，学生可以在就业面试中信心大增，拿出自己制作的商业计划书，获得工作机会。同学们反馈，有时候和面试官谈论的话题是围绕实践活动展开的，关于实践活动的话题，占据了面试时间的一半以上。部分学生被证券公司录用从事投资银行业务。第二，部分同学认识到实

习企业的发展前景，果断进入此类企业工作，很快得到提升并在企业中担当重任，成为创新创业团队核心成员。第三，有少数学生毕业后走上创新创业之路，快速实现销售和融资，使企业得以生存和发展。

从表面来看，我国高校当前纠结于创新创业教育该如何深度推进以提高实效的问题；然而从深层次来看，我国高校在社会创新创业生态系统中，正面临生态位迷茫的问题。所谓生态位，是指生物种群在以环境资源或环境条件梯度为坐标而建立起来的多维空间中所占据的空间和位置。生态系统中每个物种都有自己的生态位。生态位越宽，种群可利用的资源种类越多，对周围环境的适应能力越强。家庭教育、学校教育、社会教育，每个系统都有自己的教育要素、媒介和工具。

根据生态学最少因素理论，当生态系统中一些特定因子处于最小量状态时，其他处于高浓度或过量状态的物质可能起补偿或替代作用。改革开放后，制度变革带来了大量市场机会，那些参与创新创业活动并取得良好收益的创新创业者，会在周围人群中产生积极的跟随效应，民众对于如何更顺利、更便捷、更有效地从事创新创业活动有了潜在的巨大学习需求。这本来应该是高校创新创业教育发展的大好时机，但我国办学机制的不足与封闭使在校的学生无法及时或根本无法获得相应的创新创业知识，造成社会创新创业生态系统中潜在的创新创业者群体无法从高校获取足够的创新创业教育营养和资源，只能转而求助其他主体。当其他主体可以基本满足这种需求时，社会创新创业生态系统的创新创业教育供需矛盾就能得到缓解。

参考文献

[1] 潘浩 . 高校创新创业教育研究 [M]. 天津：天津科学技术出版社，2023.

[2] 李喆 . 地方高校创新创业教育研究 [M]. 济南：山东人民出版社，2020.

[3] 张丽娟 . 大学生创新创业教育 [M]. 西安：西安电子科学技术大学出版社，2022.

[4] 郭立群，张红伟 . 高校创新创业教育促进高质量就业的理论与实践探索 [M]. 北京：中国农业大学出版社，2022.

[5] 韩光 . 基于"互联网+"视阈的大学生创新创业教育研究 [M]. 北京：北京工业大学出版社，2023.

[6] 宋建卫，魏金普，杨洪瑞 . 大学生创新与创业教育 [M]. 北京：北京理工大学出版社，2021.

[7] 谭超，刘洁，唐星星 . 多元协同下大学生创新创业教育模式研究 [M]. 北京：中国原子能出版社，2023.

[8] 石燕捷 . 大学生创新创业教育新模式研究 [M]. 天津：天津科学技术出版社，2020.

[9] 刘常国，王松涛，宋华杰 . 高校创新创业优质教育资源建设与实践研究 [M]. 北京：北京工业大学出版社，2020.

[10] 陈思宇 . 高校创新创业教育生态系统的构建 [M]. 长春：吉林大学出版社，2022.

[11] 马少华，郭彦鹏 . 大学生创新创业教育 [M]. 北京：中国书籍出版社，2023.

[12] 魏巍 . 大学生创新创业教育与能力培养研究 [M]. 北京：九州出版社，2021.

[13] 曹望华 . 高校创新创业教育与人才培养研究 [M]. 北京：北京工业大学出版社，

2021.

[14] 张翌，程国秀，陈明月. 新时代大学生创新创业教育工作研究教学方法及理论 [M]. 北京：现代出版社，2022.

[15] 王东生. 新时代高校创新创业教育路径研究 [M]. 长春：吉林出版集团股份有限公司，2021.

[16] 田合超. 高校大学生创新创业教育探究 [M]. 北京：中国纺织出版社，2023.

[17] 任立肖，纪巍. 高校创新创业教育质量评价研究 [M]. 天津：天津社会科学院出版社，2021.

[18] 李伟凤，徐绘. 大学生创新创业教育的发展模式与改革创新研究 [M]. 北京：北京工业大学出版社，2022.

[19] 车琨. "互联网 +"助推高校大学生创新创业教育迈上新台阶 [M]. 沈阳：辽宁大学出版社，2023.

[20] 吴娟，夏懿娜. 高校创新创业与劳动教育 [M]. 上海：上海交通大学出版社，2022.

[21] 李继. 大学生创新创业教育与实践研究 [M]. 北京：北京工业大学出版社，2023.

[22] 梅伟惠. 高校创业教育的组织模式与运行机制创新研究 [M]. 杭州：浙江大学出版社，2020.

[23] 杨宝仁，王晶. "互联网 +"环境下大学生创新创业教育研究 [M]. 北京：中国纺织出版社，2022.

[24] 李明慧. 大学生创新创业理论与技能指导 [M]. 成都：四川大学出版社，2021.